初任者のための

戸籍届書のチェックポイント

〔渉外編〕

新谷　雄彦　監修

アポロアイシーティー　編

テイハン

監修のことば

　本書は、令和4年3月にアポロアイシーティー編として刊行された「初任者のための戸籍届書のチェックポイント〔改訂復刻版〕」の姉妹書で、渉外戸籍届書編になります。

　渉外戸籍事件とは、事件本人の全部若しくは一部が外国人であるもの又は親族的身分関係の行為地等が外国であるもの等をいいます。

　戸籍事務担当者の中には、渉外戸籍は難しいと考えている方が、多くいらっしゃいます。また、全国連合戸籍住民基本台帳事務協議会総会における合同研修会に、「渉外戸籍届出に関する外国法令、届出事件別の必要書類、審査要件、戸籍記載例等をデータベース化するよう要望する。」という協議問題が、各地の協議会から提出されています。

　渉外戸籍が難しいと言われるのは、外国人当事者の国籍の認定、当事者に適用される法律の決定、適用される外国法の解釈、外国で身分行為を行った場合に提出される証書の有効性の判断等が必要となることからではないでしょうか。このことから、一般の戸籍事務を処理する場合とは違った法律知識の修得とこれに関する通達、回答等のいわゆる先例にも通ずる必要があり、また、届書式についての知識も必要とするからではないかと思います。そして、これらを初任者向けに分かりやすく解説した書が、平成19年2月に富山地方法務局戸籍事務研究会編として、「初任者のための渉外戸籍届書のチェックポイント」が刊行され、平成24年3月に二訂版が刊行されていました。

　ところで、我が国の国際私法であった法例は、平成元年に大幅改正がされ、その後、平成18年に成立した「法の適用に関する通則法」(平成18年法律第78号)の施行(平成19年1月1日)により全部改正され、条文も全て口語化されました。さらに、平成19年法律第35号により戸籍法の一部改正がされ、戸籍の届出における本人確認制度が創設されました。この制度は、外国人の届出にも適用されますから、より慎重な審査が求められます。併せて、在日外国人については、外国人登録法が廃止され、新しい在留管理制度が平成24年7月9日に導入され、住民基本台帳制度の対象に外国人が加えられました。

　このように、各種の法律改正がされましたが、上記の「初任者のための渉外戸籍届書のチェックポイント」の改訂はされておりませんでした。

　そこで、この度本書を、アポロアイシーティー株式会社が最新の内容を踏まえて全面的に見直し、株式会社テイハンが新たに改訂版として刊行するものです。アポロアイシーティー株式会社の代表取締役岩永美香さんは、茨城県水戸市役所市民課での豊富な戸籍事務の経験があり、実務家の目線で本書の改訂・編集に当たりました。実務経験豊かな岩永さんが携わって改訂・編集した本書の特徴は、各届書の各欄ごとの書式のチェックポイントの簡明な解説がされていますので、そのまま届出人の方に説明することができます。また、各届出事件ごとの要件と添付書類、併せて届出の受理に当たっての注意事項も示されています。

　私は、岩永さんから監修を依頼され、本書の内容についてのチェックやアドバイスをさせていただきましたが、私の目から見ても、届書式の細かな点の記載要領まで配慮がよく行き渡っていると感心しました。

　本書は、各戸籍事務所における研修教材としても使用できますので、これから新たに戸籍事務に携わる方には自己学習教材として、また、既に戸籍事務に携わっている方には、更に理解を深めるための図書としてお薦めします。

　令和4年12月

　　　　　　　　　　　　　　　　　　新　谷　雄　彦

よせがき

令和4年3月に出版された「初任者のための戸籍届書のチェックポイント〔改訂復刻版〕」に引き続き、今般、「初任者のための戸籍届書のチェックポイント〔渉外編〕」についても、改訂復刻し、無事に出版できる運びとなり大変嬉しく思います。

本書は、平成24年3月に富山地方法務局戸籍事務研究会編として、ちくさ出版から出版され、全国的に人気を博した「初任者のための渉外戸籍届書のチェックポイント・改訂二版」の内容をバージョンアップし、本家の良さをできる限り踏襲しつつ、さらに見やすく分かりやすく改善を図ったものです。

本書を作成するにあたっては不明な点が想像をはるかに超えて散在しており、国内の法令は当然のこと、世界各国の家族法他の法令調査も行い社内一丸となって原稿の作成・確認にあたりました。

また、令和3年9月に施行された「デジタル社会の形成を図るための関係法律の整備に関する法律」、「戸籍届書の新様式」等についても反映した内容となっております。

最終的に新谷雄彦先生の多大なるご教示の下、ようやくの思いで「改訂復刻版」として出版までこぎつけられ、達成感と共に感謝の気持ちでいっぱいです。

渉外版は、全世界を対象とし地球丸ごととというイメージですが、当然のことながら国ごとに法律が違っている中でも重要なポイントを抑え、時代の流れによる常識の転換など新制度等にも対応していくことが、今後は課題になっていくのではないかと考えています。

私は市役所在籍中に戸籍業務を経験させて頂き、「国によって婚姻要件や離婚要件も違うから確認作業が大変で辟易する」、「なぜ胎児認知がこんなにも重要なのだろう」等、渉外戸籍の届出が来るたびに緊張感や恐怖感を覚え、苦手意識が強かったことを思い出します。

日本国内に約300万人の外国人の方々が在留されている中、本書が戸籍担当者の守り神のようにお役立ていただき、渉外戸籍の受付業務についてもスムーズかつ穏やかに進められますことをお祈り申し上げます。

令和4年12月

アポロアイシーティー株式会社

代表取締役　岩　永　美　香

凡　例

1　先例及び判例の引用に当たっては、次の**略記法**を用いた。

平成元年通達……法例の一部を改正する法律の施行に伴う戸籍事務の取扱
　　いについて―通達（平成元年10月2日付け法務省民二第3900号）

明34・5・22民刑284号回答（通牒）……明治34年5月22日付け司法省
　　民刑第284号司法省民刑局長回答（通牒）

大3・4・8民586号回答……大正3年4月8日付け司法省民第586号司
　　法省法務局長回答

昭5・6・19民事280号回答……昭和5年6月19日付け司法省民事第280
　　号司法省民事局長回答

昭44・2・13民事甲208号回答……昭和44年2月13日付け法務省民事甲
　　第208号法務省民事局長回答

昭59・11・1民二5500号通達……昭和59年11月1日付け法務省民二第
　　5500号民事局長通達

昭34・12・22最高裁判決……昭和34年12月22日付け最高裁判所判決

平6・4・28民二2996号通達……平成6年4月28日付け法務省民二第2996
　　号民事局長通達

平16・9・27民一2664号通達……平成16年9月27日付け法務省民一第
　　2664号民事局長通達

2　記載例の戸籍届書の見出しに、次の色を用いた。

●……出生届・出生届の追完・認知届

●……養子縁組届・特別養子縁組届

●……養子離縁届・特別養子離縁届

●……婚姻届・外国人との婚姻による氏の変更届

●……離婚届・離婚の際に称していた氏を称する届・外国人との離婚によ
　　る氏の変更届

●……死亡届

●……外国人父母の氏への変更届

●……親権（管理権）届

　掲載した記載例に用いた届書様式は法定様式等と細部において異なるところ
があるが、市区町村において一般的に用いられているものを参考にした。

3　戸籍届書中、事件本人に関する住所欄の住所の記載方法の説明
　　戸籍関係届書類標準様式中、事件本人に関する住所欄の住所は、国籍取得
届書・帰化届書・国籍喪失届書を除き、括弧書きで、①住民登録をするとこ
ろ（出生届書）、又は住民登録をしているところ（前記の届書を除く。）を記
載するとしている。本書は、事件本人に関する住所欄の住所の記入は、①の
届書を除き、日本人及び外国人とも「住民登録をしているところを記入する。」
と説明している。

「渉外戸籍の届出通則」

1 戸籍法の適用範囲

① 日本国内

日本国内において、日本人と外国人あるいは外国人同士が婚姻するとか、縁組する等の身分行為を行うときには我が国の戸籍法の適用がある。

また、外国人について国内で出生・死亡等があったときにも、届出をすべきものとされている（昭24・3・23民事甲3961号回答、昭24・11・10民事甲2616号通達）。

② 日本国外

日本国外において、日本人を当事者又は当事者の一方とする身分行為が行われたとき、日本人について出生・死亡があったとき、身分関係に関する外国裁判所の判決が確定したときは、戸籍法の定めるところに従い届出をしなければならない。

2 届出地

在日外国人に関する届出は、その所在地でしなければならない（戸籍法25条2項）。

ただし、当事者の一方が日本人であるときは、その日本人の本籍地でもすることができる。

外国に在る日本人に関する届出等は、その国に駐在する日本の大使、公使又は領事にするが（戸籍法40条、同法41条1項）、直接本籍地市区町村に郵送しても（戸籍法41条2項）、あるいは自らこれを持ち帰って本籍地又は所在地の市区町村に提出しても差し支えない（昭5・6・19民事280号回答）。

3 届出期間

国外で出生があったときは、出生の日から3か月以内（戸籍法49条1項）に、国外で死亡したときは、その事実を知った日から3か月以内（戸籍法86条1項）に届け出なければならない。

また、外国の方式により届出事件に関する証書を作らせたときはその身分行為の成立の日から3か月以内にその証書の謄本を提出しなければならない（戸籍法41条）。

届出期間の末日が一般の休日又は届出地市区町村の休日に当るときは、その翌日が期間の満了日となる（昭63・12・20民二7332号通達）。

4 届書

① 届書の記載文字

戸籍の届書は、外国人が届出人である場合であっても、署名を除き、日本文字をもって記載することとされている（昭26・11・12民事甲2162号回答）。

また、外国人の氏名の表記については、その外国人が本国において氏名を漢字で表記するものである場合には、正しい日本文字としての漢字で表記されるもの以外は片仮名をもって記載する（昭59・11・1民二5500号通達）。

② 国籍の表示

国籍を有する国の正式名称（フルネーム）を記載する。ただし、外務省作成の国名表による省略名を用いてもよい（昭49・2・9民二988号回答）。

重国籍者については、その者の国籍国の国名をすべて表示する（この場合における準拠法たる本国法の決定は、後記（注）参照）。

いずれの国籍をも有しない者については「無国籍」と表示する。

③　届出人等の署名

　外国人が届出人、証人、同意者又は承諾者となるときは、従来から署名するだけで足りるとされている（外国人ノ署名捺印及無資力証明ニ関スル法律1条）が、日本に定住し印鑑を常用している外国人にあっても署名のみで足りる（戸籍法29条）。

　なお、証人が韓国人又は朝鮮人で、通称名で署名している場合は、正式氏名を併記させる。※通称名については、在留カードには法律上も運用上も記載されない。

④　届書の通数

　当事者の一方が日本人であるときは、原則として戸籍の記載を必要とする。市区町村役場の数と同数の届書を提出しなければならない（戸籍法36条）。

　ただし、届書一通化実施市区町村は、一通で足りるとされている（平3・12・27民二6210号通達）。

　当事者双方が外国人であるときは、戸籍の記載に関係がないから、届書は一通でよい。

5　証書の提出等

①　証書の提出

　外国にある日本人が、所在国の方式に従い外国人又は日本人と婚姻等の身分行為を行ったときは、婚姻証書等その身分行為に関する証書の謄本を、その成立の日から3か月以内に在外公館の長に提出しなければならない（戸籍法41条）。その証書は、国により、儀式を行った旨のもの、登録をした旨のもの等様々である。原則として、その国において身分行為を執り行う権限ある者（教会の牧師、官公署、裁判所等）による行為の成立を証する書面でなければならないが、その国における身分登録官署における登録証明書でも差し支えない（昭32・11・21民事甲2233号回答）。

　証書の謄本の提出だけでは、戸籍の記載ができない場合が多いので、一般には、届出書に必要事項を記載し、証書の謄本を添付して提出される。

②　裁判の確定による届出

　外国裁判所による日本人を当事者とする認知・特別養子縁組・離婚等の判決があった場合にも、その判決の謄本等を添付して届出をすることとなる（戸籍法63条、同法68条の2、同法77条）。この場合において、民事訴訟法118条（旧200条）の各号の要件を明らかに欠いていると認められる場合を除き、我が国でも有効に成立したものとして受理して差し支えない（昭51・1・14民二280号通達）。また、養子縁組が外国の裁判所で成立した旨の届出は、家事事件手続法79条の2（民事訴訟法118条を準用している。）により審査する。

③　報告的届出における要件審査

　外国の方式により婚姻等を挙行した場合は、行為地である所在国の方式又は当事者の一方の本国法の方式に違反しているか、明らかな無効原因が認められる場合を除き、身分行為の実質的成立要件は審査する必要がない（昭25・1・23民事甲145号回答）。

　例えば、外国において婚姻した日本人に、既に配偶者がいて重婚となるような場合でも、その報告的婚姻届の受理を拒むことはできない（昭44・2・13民事甲208号回答）。

6　添付書類

①　国籍証明書

　本国官憲の発行した国籍証明書、旅券（写しを提出する）、事件本人の国籍の証明のある要件具備証明書、事件本人の国籍の記載のある出生証明書（いずれも国籍国発行のもの）等。

②　要件具備証明書

　本国の身分関係を登録する官公署又はこれに準じるもの（公証人、当該国の在日大使等が、当該外国人の本国法によって、当該身分行為の成立要件を

具備していることを証明したもの。

　国によっては、制度がない等の理由により、また、制度はあっても当事者の身分関係事実について、本国官憲が把握していないとの理由から発行されないことがあり、その場合は要件具備証明書に代えて、次の書面による取扱いが認められている。

　　ア、在日アメリカ人が、在日領事等の面前で、要件を具備している旨の宣誓をした証明書（昭29・10・25民事甲2226号回答）

　　イ、当該国の関係法規の抜粋（その出典を明らかにしたもの）と身分関係を明らかにする証明書（この場合、要件具備証明書の得られない旨の申述書も添付する）。韓国の家族関係証明書等、台湾の戸籍謄本は、身分関係を明らかにする書面として取り扱われる。

③　同意書・承諾書・許可書等
　婚姻・縁組等の成立に、父母・後見人の同意・承諾・裁判所等の許可等を必要とするときはその書面。

④　訳文
　届書に添付する証明書等が、外国語で記載されているときは、翻訳者を明らかにした訳文を添付しなければならない（戸籍法施行規則63条）。

（注）重国籍である場合の、本国法の決定について
　重国籍である外国人を当事者とする身分行為の戸籍届書を審査するに当たっては、まずその者の本国法が決定されなければならない。重国籍者の本国法の決定について、法の適用に関する通則法38条1項では、第一に、そのいずれかに常居所を有していれば、その国の法律をその者の本国法と決定し、第二に、いずれの国籍国にも常居所を有していなければ、その者に最も密接な関係がある国の法律をその者の本国法と決定するものとしている。

　この場合の取扱いについては、平成元年通達第1の1イ(イ)②でその取扱いを明らかにしている。

目　次

離婚・外国人氏変 107③

死亡

巻末資料

出生による国籍取得に関する法制一覧

戸籍届書のチェックポイント

・出生届
・出生届の追完
・認知届
・養子縁組届
・特別養子縁組届
・養子離縁届
・特別養子離縁届

・婚姻届
・外国人との婚姻による氏の変更届
・離婚届
・外国人との離婚による氏の変更届
・死亡届
・外国人父母の氏への氏の変更届
・親権(管理権)届

出生届1　日本人父とフィリピン人母間の嫡出子について、父から本籍地の市区町村長に届け出た場合

出生の日を含めて14日以内に届出することを要する【戸籍法49条1項】。

父母の一方が日本人である嫡出子は、出生時の日本人親の氏を称する【民法790条】。
子の名に用いる字に制限がある（ひとくちメモ⑤（98頁）参照）。

届出時の父母の氏名を記入する。
外国人の氏名は片仮名で、氏、名の順で間に読点を付して記載し、生年月日は西暦で表記する（日本人親の婚姻事項の記載と一致するか確認する）（注意参照）。

届出人の資格を調査する。
①嫡出子は父又は母
②嫡出でない子は母
③嫡出子で父母が離婚している場合は母
④上記の者が届出できないときは
　第1…同居者
　第2…出産に立ち会った医師、助産師又は
　　　　その他の者

外国人の氏名については、ひとくちメモ②（97頁）を参照。

届書を受領した日を記載する。

受附番号は、受理の日にかかわらず、受附帳の記載順に記入する。

嫡出子…婚姻中又は離婚後300日以内に出生した子
嫡出でない子…法律上の婚姻関係にない男女の間に出生した子（ひとくちメモ⑥（99頁）参照）

届出時の日本人父の本籍を記入する。
外国人母については「母国籍フィリピン共和国」のように記入する。国名は略称でもよい（昭49・2・9民二988号回答）。

《注意》
日本人と外国人との間に出生した嫡出子の父母欄の記載及び外国人と婚姻した日本人の戸籍の身分事項欄に記載されている配偶者の氏名が、当該外国人の本国法に基づき変更している場合は、その証明書（パスポートや在留カードの写し等）の提出によって変更後の氏名を記載できる（昭55・8・27民二5218号通達）。この場合、当該外国人配偶者又は母の氏を漢字を用いて記載してもよい（前記通達）。
本事例は、出生届に際して、届出人が届書の「その他」欄に「婚姻事項中配偶者の氏名及び子の父母欄中母の氏名を『ビダル甲野、バージニア』と記載されたい。」と申出があった場合である。

出生届

令和3年9月22日届出

富山市　長殿

受理	令和3年9月22日	発送	年　月　日	
第	780　号			
送付	年　月　日			長印
第	号			
書類調査	戸籍記載	記載調査	調査票	附票	住民票	通知

（1）子の氏名
（よみかた）こうの　じゅん
氏　甲野　名　淳
（外国人のときはローマ字を付記してください）
父母との続き柄　☑嫡出子　□嫡出でない子　（長）　☑男　□女

（2）生まれたとき　令和3年9月17日　☑午前　□午後　10時21分

（3）生まれたところ　富山市牛島新町11　番7号

（4）住所（住民登録をするところ）　富山市新桜町7番38号
（よみかた）こうの　じゅんじ
世帯主の氏名　甲野淳二　世帯主との続き柄　子

（5）父母の氏名生年月日（子が生まれたときの年齢）
父　甲野淳二　昭和63年5月6日（満33歳）
母　ビダル甲野、バージニア　西暦1996年8月6日（満25歳）

（6）本籍（外国人のときは国籍だけを書いてください）
父の本籍　富山市新桜町7　番地
筆頭者の氏名　甲野淳二　母の国籍　フィリピン共和国

（7）同居を始めたとき　令和2年3月（結婚式をあげたとき、または、同居を始めたときのうち早いほうを書いてください）

（8）子が生まれたときの世帯のおもな仕事と
□1.農業だけまたは農業とその他の仕事を持っている世帯
□2.自由業・商工業・サービス業等を個人で経営している世帯
□3.企業・個人商店等（官公庁は除く）の常用勤労者世帯で勤め先の従業者数が1人から99人までの世帯（日々または1年未満の契約の雇用者は5）
□4.3にあてはまらない常用勤労者世帯及び会社団体の役員の世帯（日々または1年未満の契約の雇用者は5）
□5.1から4にあてはまらないその他の仕事をしている者のいる世帯
□6.仕事をしている者のいない世帯

（9）父母の職業（国勢調査の年…令和　年の4月1日から翌年3月31日までに子が生まれたときだけ書いてください）
父の職業　　　母の職業

その他
婚姻事項中配偶者の氏名及び子の父母欄中母の氏名を「ビダル甲野、バージニア」と記載されたい。
パスポートのコピー添付

届出人
☑1.父　□母　□2.法定代理人（　　）□3.同居者　□4.医師　□5.助産師　□6.その他の立会者　□7.公設所の長

住所　富山市新桜町7番38号
本籍　富山市新桜町7　番地　筆頭者の氏名　甲野淳二
署名（※押印は任意）甲野淳二　印　昭和63年5月6日生

事件簿番号

連絡先　電話（　　）　自宅・勤務先[　　]・携帯

出 生 届

令和3 年 9 月 22 日届出

富山市　長 殿

受理	令和3 年 9 月 22日	発送	年 月 日
第	780 号		長印
送付	年 月 日		
第	号		

書類調査	戸籍記載	記載調査	調査票	附票	住民票	通知

(1) 生まれた子

子の氏名
（外国人のときはローマ字を付記してください）
（よみかた）こうの　じゅん
氏 甲野　名 淳

父母との続き柄
☑嫡出子　長　☑男 □女
□嫡出でない子

(2) 生まれたとき　令和3 年 9 月 17 日　☑午前 □午後　10 時 21 分

(3) 生まれたところ　富山市牛島新町11　番 7 号

(4) 生まれた子の父と母

住所（住民登録をするところ）　富山市新桜町7番38号
（よみかた）こうの　じゅんじ
世帯主の氏名 甲野 淳二　世帯主との続き柄 子

(5) 父母の氏名 生年月日（子が生まれたときの年齢）
父 甲野 淳二　　母 ビダル甲野、バージニア
昭和63年 5 月 6 日（満 33 歳）　西暦1996年 8 月 6 日（満 25 歳）

(6) 本籍（外国人のときは国籍だけを書いてください）
父の本籍 富山市新桜町7　　番
筆頭者の氏名 甲野 淳二　母の国籍 フィリピン共和国

(7) 同居を始めたとき　令和2 年 3 月（結婚式をあげたとき、または、同居を始めたときのうち早いほうを書いてください）

(8) 子が生まれたときの世帯のおもな仕事と
□1．農業だけまたは農業とその他の仕事を持っている世帯
□2．自由業・商工業・サービス業等を個人で経営している世帯
□3．企業・個人商店等（官公庁は除く）の常用勤労者世帯で勤め先の従業者数が1人から99人までの世帯（日々または1年未満の契約の雇用者は5）
□4．3にあてはまらない常用勤労者世帯及び会社団体の役員の世帯（日々または1年未満の契約の雇用者は5）
□5．1から4にあてはまらないその他の仕事をしている者のいる世帯
□6．仕事をしている者のいない世帯

(9) 父母の職業（国勢調査の年…令和　年…の4月1日から翌年3月31日までに子が生まれたときだけ書いてください）
父の職業　　　母の職業

その他
婚姻事項中配偶者の氏名及び子の父母欄中
母の氏名を「ビダル甲野、バージニア」と記載されたい。
パスポートのコピー添付

届出人
☑1．父
□母 □2．法定代理人（　）□3．同居者 □4．医師 □5．助産師 □6．その他の立会者
□7．公設所の長

住所 富山市新桜町7番38号
本籍 富山市新桜町7　番 筆頭者の氏名 甲野 淳二
署名（※押印は任意）甲野 淳二　印　昭和63年 5 月 6 日生

事件簿番号

連絡先 電話（　）　自宅・勤務先[　]・携帯

出 生 証 明 書

記入の注意

子の氏名	甲野 淳	男女の別	①男 2 女

夜の12時は「午前0時」、昼の12時は「午後0時」と書いてください。

生まれたとき	令和3 年 9 月 17 日 ☑午前 □午後 10 時 21 分

(10) 出生したところ及びその種別
出生したところの種別 ①病院 2 診療所 3 助産所 4 自宅 5 その他
出生したところ 富山市牛島新町 11 番 7 号
（出生したところの種別1～3）施設の名称 富山病院

(11) 体重及び身長　体重 3020 グラム　身長 50 センチメートル

体重及び身長は、立会者が医師又は助産師以外の者で、わからなければ書かなくてもかまいません。

(12) 単胎・多胎の別　①単胎 2 多胎（　子中第 子）

(13) 母の氏名 ビダル甲野 バージニア　妊娠週数 満 39 週 日

(14) この母の出産した子の数
出生子（この出生子及び出生後死亡した子を含む）1 人
死産児（妊娠満22週以後）胎

この母の出産した子の数は、当該母又は家人などから聞いて書いてください。

(15) 上記のとおり証明する。　令和3 年 9 月 17 日
①医師 2 助産師 3 その他
（住所）富山市牛島新町 11 番地 7 号
（氏名）竹井 武夫

この出生証明書の作成者の順序は、この出生の立会者が例えば医師・助産師ともに立ち会った場合には医師が書くように1、2、3の順序に従って書いてください。

《その他注意事項》
①青い線が引かれている箇所については、証明書と届書の記載が一致すること。
②出生の時分は
　夜の12時…翌日の午前0時、
　昼の12時…午後0時とする。
　（大3・4・8民586号回答）
　外国で出生した場合は、出生地における標準時により記入する。
　（昭30・6・3民事甲1117号回答二）

「出生証明書を作成した医師、助産師又はその他の立会者の氏名」を記入する（ひとくちメモ⑨（100頁）参照）。

出生 / 縁組他 / 離縁他 / 婚姻他 / 離婚他 / 死亡 / 外国人父母への氏変 / 親権

出生届2

国外で出生した日本人父とアメリカ人母間の嫡出子について、父から帰国後本籍地の市区町村長に届け出た場合

国外で出生したときは、3か月以内に届出することを要する【戸籍法49条1項】。

その国に駐在する日本の大使・公使又は領事に届出するが【戸籍法40条】、持ち帰って直接本籍地又は所在地の市区町村長に届出してもよい。

父母の一方が日本人である嫡出子は、出生時の日本人親の氏を称する【民法790条】。
子の名に用いる字に制限がある（ひとくちメモ⑤（98頁）参照）。

届出時の父母の氏名を記入する。
外国人の氏名は片仮名で、氏、名の順で間に読点を付して記載し、生年月日は西暦で表記する（日本人親の婚姻事項の記載と一致するか確認する）（注意①参照）。

「日本国籍を留保する」旨の記載のあることを確認する（注意②参照）。

届出人の資格を調査する。
①嫡出子は父又は母
②嫡出でない子は母
③嫡出子で父母が離婚している場合は母
④上記の者が届出できないときは
　第1…同居者
　第2…出産に立ち会った医師、助産師又はその他の者

届書を受領した日を記入する。

受附番号は、受理の日にかかわらず、受附帳の記載順に記入する。

嫡出子…婚姻中又は離婚後300日以内に出生した子
嫡出でない子…法律上の婚姻関係にない男女の間に出生した子（ひとくちメモ⑥（99頁）参照）

出生証明書・訳文と照合する（ひとくちメモ④（98頁）、ひとくちメモ㉖（104頁）参照）。

届出時の日本人父の本籍を記入する。
外国人母については国籍を有する国の国名を記入する。国名は「米国」というように略称でもよい（昭49・2・9民二988号回答）。

《注意》
①中国人、朝鮮人等で本国において氏名を漢字で表記しているもの以外は、片仮名で記載し、あわせて外国文字を記載する（明35・12・22民刑1163号牒）。
ただし、外国文字の記載のない届書でも受理して差し支えない（明36・2・14民刑100号通牒）。
②生地主義国で出生したときや出生により外国人親の国籍を取得する者が、国外で出生したときは、3か月以内に日本の国籍を留保する意思を表示しなければ、その出生のときにさかのぼって日本の国籍を失う（国籍法12条）。

出 生 届

令和3 年 9 月 22日届出

富山県高岡市 長 殿

受理 令和3 年 9 月 22日	発送 年 月 日
第　420　号	
送付　年 月 日	長印
第　　号	
書類調査 戸籍記載 記載調査 調査票 附票 住民票 通知	

(1) 子の氏名（よみかた）こうざわ しょう	甲沢 咲 （外国人のときはローマ字を付記してください）	父母との続き柄 ☑嫡出子 □嫡出でない子　長 □男 ☑女
(2) 生まれたとき	令和3 年 9 月 7 日　□午前 ☑午後 4 時 6 分	
(3) 生まれたところ	アメリカ合衆国ハワイ州ホノルル郡 カイルア町ウルカヒキ街640　番地 番 号	
(4) 住所（住民登録をするところ）	富山県高岡市中川本町10番21号 世帯主の氏名（よみかた）こうざわ ゆきお 甲沢 幸夫　世帯主との続き柄 子	
(5) 父母の氏名生年月日（子が生まれたときの年齢）	父 甲沢 幸夫　母 ノルドリィー、エデルマリー 昭和63年 1 月 2 日（満 33 歳）西暦1996年 11 月 15 日（満 24 歳）	
(6) 本籍（外国人のときは国籍だけを書いてください）	父の本籍 富山県高岡市中川本町10　番地 筆頭者の氏名 甲沢 幸夫 母の国籍 アメリカ合衆国	
(7) 同居を始めたとき	平成29 年 12 月（結婚式をあげたとき、または、同居を始めたときのうち早いほうを書いてください）	
(8) 子が生まれたときの世帯のおもな仕事と	□1.農業だけまたは農業とその他の仕事を持っている世帯 □2.自由業・商工業・サービス業等を個人で経営している世帯 □3.企業・個人商店等（官公庁は除く）の常用勤労者世帯で勤め先の従業者数が1人から99人までの世帯（日々または1年未満の契約の雇用者は5） □4.3にあてはまらない常用勤労者世帯及び会社団体の役員の世帯（日々または1年未満の契約の雇用者は5） □5.1から4にあてはまらないその他の仕事をしている者のいる世帯 □6.仕事をしている者のいない世帯	
(9) 父母の職業	国勢調査の年…令和 年の4月1日から翌年3月31日までに子が生まれたときだけ書いてください 父の職業　母の職業	
その他	アメリカ合衆国ハワイ州官憲発行の出生証明書及び訳文 日本国籍を留保する。 甲沢 幸夫	

届出人
☑父 □1.母 □2.法定代理人（　　） □3.同居者 □4.医師 □5.助産師 □6.その他の立会者 □7.公設所の長
住所 富山県高岡市中川本町10番21号
本籍 富山県高岡市中川本町10　番地 筆頭者の氏名 甲沢 幸夫
署名（※押印は任意）甲沢 幸夫　印　昭和63年 1 月 2 日生

事件簿番号　　連絡先 電話（　）自宅・勤務先[　]・携帯

この出生証明書は参考として掲載したものであり、記載例の内容とは合致しておりません。

CERTIFICATION OF LIVE BIRTH

STATE OF HAWAII
HONOLULU

DEPARTMENT OF HEALTH
HAWAII U.S.A.

CERTIFICATE NO. 151

CHILD'S NAME
SHOU   KOUZAWA

DATE OF BIRTH
May 21, 2006

HOUR OF BIRTH
4:06 PM

SEX
FEMALE

CITY, TOWN OR LOCATION OF BIRTH
KAILUA

ISLAND OF BIRTH
OAHU

COUNTY OF BIRTH
HONOLULU

MOTHER'S MAIDEN NAME
EDEL MARY NORDLIE

MOTHER'S RACE
ANESE

FATHER'S NAME
YUKIO KOUZAWA

FATHER'S RACE

DATE FILED BY REGISTRAR
May 24, 2006

OHSM 1.1 (Rev.11/01) LASER   This copy serves as prima facie evidence of the fact of birth in any court proceeding. [HRS 338-13(b), 338-19]

ANY ALTERATIONS INVALIDATE THIS CERTIFICATE

出生証明書 "CERTIFICATION OF LIVE BIRTH" の抄訳   新生児用

※氏名は、氏 (ラストネーム)、名 (ファーストネーム あいで ミドル ネーム そして ジュニア等) の順で御記入ください。

1. 子の氏名 (姓) 甲沢 (名) 翔
2. 性別   男・⊗
3. 生年月日 時 平成 18 年 5 月 21 日、午前・午後 4 時 06 分
4. 出生場所 アメリカ合衆国、ハワイ／_____州 _____ ホノルル 市/郡
   カイルア、ウルカヒキ 640 町 キャソル 病院
5. 母の氏名 (姓) ノルドリィー (名) エデルマリー
6. 父の氏名 (姓) 甲沢 (名) 幸夫
7. 証明者 (Ⅰ.) (登録機関) アメリカ合衆国、ハワイ／_____州、衛生／登録 局
   Ⅱ. 証明者が、医師・助産婦であるときにはその資格・氏名
   資格：_____ 氏名：_____
8. 州登録日 平成 18 (西暦 2006)年 5 月 24 日
9. 証明書発行日 平成 (西暦 2006)年 6 月 2 日
   翻訳者氏名 甲沢 幸夫 印

《添付書類》
権限ある官憲の発給した出生証明書と訳文
【戸籍法施行規則63条】

5

出生届3　アメリカ人父と日本人母間の嫡出子について、父から母の本籍地の市区町村長に届け出た場合

出生の日を含めて14日以内に届出することを要する【戸籍法49条1項】。

父母の一方が日本人である嫡出子は、出生時の日本人親の氏を称する【民法790条】。
子の名に用いる字に制限がある（ひとくちメモ⑤（98頁）参照）。

届出時の父母の氏名を記入する。
外国人の氏名は片仮名で、氏、名の順で間に読点を付して記載し、生年月日は西暦で表記する（日本人親の婚姻事項の記載と一致するか確認する）。

住民登録をしているところを記入する。

外国人の署名（サイン）は原則として本国文字で行う。
イニシャル等記号のような署名（サイン）の場合は、フルネームを併記させる。

出生届

令和3 年 9 月 22 日届出

富山県滑川市 長 殿

受理 令和3 年9月22日		←発送		年 月 日
第 320 号				
送付 年 月 日				長印
第 号				
書類調査	戸籍記載	記載調査	調査票	附票	住民票	通知

(1) 子の氏名（よみかた）（外国人のときはローマ字を付記してください）：おっかわ まり　乙川 麻里
父母との続き柄：☑嫡出子 □嫡出でない子　長　□男 ☑女

(2) 生まれたとき：令和3 年 9 月 18 日　☑午前 □午後 10 時 23 分

(3) 生まれたところ：富山県魚津市本町1丁目3　番地 2 番 号

(4) 住所（住民登録をするところ）：富山県魚津市釈迦堂1丁目10番1号
（よみかた）：おっかわ たえこ
世帯主の氏名：乙川 妙子　世帯主との続き柄：子

(5) 父母の氏名・生年月日（子が生まれたときの年齢）：
父 スミス、ジョン　母 乙川 妙子
西暦1992年 4 月 22 日（満 29 歳）　平成4年 10 月 22 日（満 28 歳）

(6) 本籍（外国人のときは国籍だけを書いてください）：
父の国籍 アメリカ合衆国
母の本籍 富山県滑川市寺家町104　番地
筆頭者の氏名 乙川 妙子

(7) 同居を始めたとき：平成26 年 12 月（結婚式をあげたとき、または、同居を始めたときのうち早いほうを書いてください）

(8) 子が生まれたときの世帯のおもな仕事と：
□1. 農業だけまたは農業とその他の仕事を持っている世帯
□2. 自由業・商工業・サービス業等を個人で経営している世帯
□3. 企業・個人商店等（官公庁は除く）の常用勤労者世帯で勤め先の従業者数が1人から99人までの世帯（日々または1年未満の契約の雇用者は5）
□4. 3にあてはまらない常用勤労者世帯及び会社団体の役員の世帯（日々または1年未満の契約の雇用者は5）
□5. 1から4にあてはまらないその他の仕事をしている者のいる世帯
□6. 仕事をしている者のいない世帯

(9) 父母の職業（国勢調査の年…令和 年…の4月1日から翌年3月31日までに子が生まれたときだけ書いてください）：
父の職業　母の職業

その他

届出人：
☑1. 父母 □2. 法定代理人（ ） □3. 同居者 □4. 医師 □5. 助産師 □6. その他の立会者
□7. 公設所の長
住所 富山県魚津市釈迦堂1丁目10番1号
本籍 アメリカ合衆国　番地番 筆頭者の氏名
署名（※押印は任意）John Smith 印　西暦1992年 4 月 22 日生

事件簿番号
連絡先 電話（ ）　自宅・勤務先[ ]・携帯

届書を受理した日を記載する。

受附番号は、受理の日にかかわらず、受附帳の記載順に記入する。

嫡出子…婚姻中又は離婚後300日以内に出生した子
嫡出でない子…法律上の婚姻関係にない男女の間に出生した子（ひとくちメモ⑥（99頁）参照）

届出時の母の本籍を記入する。
外国人父については国籍を有する国の国名を記入する。
国名は「米国」のように略称でもよい（昭49・2・9民二988号回答）。

届出人の資格を調査する。
①嫡出子は父又は母
②嫡出でない子は母
③嫡出子で父母が離婚している場合は母
④上記の者が届出できないときは
　第1…同居者
　第2…出産に立ち会った医師、助産師又はその他の者

出 生 届

令和3 年 9 月 22日届出

富山県滑川市 長 殿

受理 令和3 年 9 月 22日	発送 年 月 日
第 320 号	長印
送付 年 月 日	
第 号	
書類調査 戸籍記載 記載調査 調査票 附 票 住民票 通知	

子 の 氏 名 (よみかた おっかわ まり) (外国人のときはローマ字を付記してください)	乙川 麻里	父母との続き柄 ☑嫡出子 □嫡出でない子 長 □男 ☑女
(2) 生まれたとき	令和3 年 9 月 18日 ☑午前 □午後 10 時 23 分	
(3) 生まれたところ	富山県魚津市本町1丁目3 番 2 号	
(4) 住所 (住民登録をするところ)	富山県魚津市釈迦堂1丁目10番1号 (よみかた おっかわ たえこ) 世帯主の氏名 乙川 妙子 世帯主との続き柄 子	
(5) 父母の氏名 生年月日(子が生まれたときの年齢)	父 スミス、ジョン 西暦1992年 4 月 22日(満 29 歳)	母 乙川 妙子 平成4年 10月 22日(満 28 歳)
(6) 本籍 (外国人は国籍だけを書いてください)	父の国籍 アメリカ合衆国 母の本籍 富山県滑川市寺家町104 番地 筆頭者の氏名 乙川 妙子	
(7) 同居を始めたとき	平成26 年 12 月 (結婚式をあげたとき、または、同居を始めたときのうち早いほうを書いてください)	
(8) 子が生まれたときの世帯のおもな仕事と	□1.農業だけまたは農業とその他の仕事を持っている世帯 □2.自由業・商工業・サービス業等を個人で経営している世帯 □3.企業・個人商店等(官公庁は除く)の常用勤労者世帯で勤め先の従業者数が1人から99人までの世帯(日々または1年未満の契約の雇用者は5) □4.3にあてはまらない常用勤労者世帯及び会社団体の役員の世帯(日々または1年未満の契約の雇用者は5) □5.1から4にあてはまらないその他の仕事をしている者のいる世帯 □6.仕事をしている者のいない世帯	
(9) 父母の職業	(国勢調査の年…令和 年…の4月1日から翌年3月31日までに子が生まれたときだけ書いてください) 父の職業 母の職業	
その他		
届出人	☑父 □1.母 □2.法定代理人( ) □3.同居者 □4.医師 □5.助産師 □6.その他の立会者 □7.公設所の長	
	住所 富山県魚津市釈迦堂1丁目10番1号	
	本籍 アメリカ合衆国 番地 筆頭者の氏名	
	署名(※押印は任意) John Smith 印 西暦1992年 4 月 22日生	
事件簿番号		連絡先 電話 ( ) 自宅・勤務先[ ]・携帯

出 生 証 明 書

子 の 氏 名	乙川 麻里	男女の別	1男 ②女
生まれたとき	令和3 年 9 月 18日 ⑪午前 午後 10 時 23 分		
(10) 出生したところの種別	①病院 2診療所 3助産所 4自宅 5その他		
出生したところ及びその種別	出生したところ 富山県魚津市本町1丁目 3 番 2 号		
	(出生したところの種別1～3)施設の名称 魚津病院		
(11) 体重及び身長	体重 3000 グラム	身長 49 センチメートル	
(12) 単胎・多胎の別	①単胎 2多胎(子中第 子)		
(13) 母の氏名	乙川 妙子	妊娠週数 満40週 日	
(14) この母の出産した子の数	出生子(この出生子及び出生後死亡した子を含む) 1 人 死産児(妊娠満22週以後) 胎		
(15) 1医師 2助産師 3その他	上記のとおり証明する。 令和3 年 9 月 18日 (住所) 富山県魚津市本町1丁目3 番地 2 号 (氏名) 石村 太郎		

「出生証明書を作成した医師、助産師又はその他の立会者の氏名」を記入する(ひとくちメモ⑨(100頁)参照)。

《その他注意事項》
①青い線が引かれている箇所については、証明書と届書の記載が一致すること。
②出生の時分は
夜の12時…翌日の午前0時、
昼の12時…午後0時とする。
(大3・4・8民586号回答)

出生届4　日本人父と韓国人母間の嫡出子について、父から本籍地の市区町村長に届け出た場合

出生の日を含めて14日以内に届出することを要する【戸籍法49条1項】。

父母の一方が日本人である嫡出子は、出生時の日本人親の氏を称する【民法790条】。
子の名に用いる字に制限がある（ひとくちメモ⑤（98頁）参照）。

届出時の父母の氏名を記入する。
家族関係証明書等の氏名が日本の正しい文字であるものについてはそのまま、そうでないものは片仮名を併記する。片仮名で表記した場合、本国文字は省略して差し支えない（昭59・11・1民二5500号通達）。

標準準則33条の便宜補正の取扱い例

届出人の資格を調査する。
①嫡出子は父又は母
②嫡出でない子は母
③嫡出子で父母が離婚している場合は母
④上記の者が届出できないときは
　第1…同居者
　第2…出産に立ち会った医師、助産師又は
　　　　その他の者

届書を受領した日を記入する。

受附番号は、受理の日にかかわらず、受附帳の記載順に記入する。

嫡出子…婚姻中又は離婚後300日以内に出生した子
嫡出でない子…法律上の婚姻関係にない男女の間に出生した子（ひとくちメモ⑥（99頁）参照）

届出時の日本人父の本籍を記入する。
外国人母については、「母の国籍大韓民国」又は「母の国籍韓国」のように記入する。

出生届（記入例）

受理　令和3年9月22日　←発送　　年　月　日
第　1203　号
送付　　年　月　日　　　　　　　　　　　　長印
第　　　号
書類調査　戸籍記載　記載調査　調査票　附票　住民票　通知

令和3年9月22日届出

富山市　長殿

子の氏名（よみかた）（外国人のときはローマ字を付記してください）	こうの　ももこ　甲野　桃子	父母との続き柄　☑嫡出子　☑嫡出でない子　（長）□男 ☑女
(1)		
(2) 生まれたとき	令和3年9月13日　☑午前/午後　1時21分	
(3) 生まれたところ	富山市牛島新町11　番地7　番　号	
(4) 住所（住民登録をするところ）	富山市西田地方町2丁目9番16号	
世帯主の氏名（よみかた）	こうのしん　甲野　信	世帯主との続き柄　子
(5) 父母の氏名生年月日（子が生まれたときの年齢）	父　甲野　信　昭和62年9月25日（満33歳）	母　李　淑礼　西暦1992年6月25日（満29歳）
(6) 本籍（外国人のときは国籍だけを書いてください）	父の本籍　富山市新桜町7　番地番	
筆頭者の氏名	甲野　信　母の国籍　韓国	
(7) 同居を始めたとき	令和元年10月（結婚式をあげたとき、または、同居を始めたときのうち早いほうを書いてください）	
(8) 子が生まれたときの世帯とおもな仕事と	□1. 農業だけまたは農業とその他の仕事を持っている世帯 □2. 自由業・商工業・サービス業等を個人で経営している世帯 □3. 企業・個人商店等（官公庁は除く）の常用勤労者世帯で勤め先の従業者数が1人から99人までの世帯（日々または1年未満の契約の雇用者は5） □4. 3にあてはまらない常用勤労者世帯及び会社団体の役員の世帯（日々または1年未満の契約の雇用者は5） □5. 1から4にあてはまらないその他の仕事をしている者のいる世帯 □6. 仕事をしている者のいない世帯	
(9) 父母の職業	（国勢調査の年…令和　年の4月1日から翌年3月31日までに子が生まれたときだけ書いてください）　父の職業　　　　母の職業	
その他	印　出生証明書中母の氏名は通称名であり、李淑礼と同一人であると認め「受理」した。　富山市長　法務　太郎　印	出生証明書中子の氏名欄は命名前の証明により空白。
届出人	☑1. 父/母　□2. 法定代理人（　　）　□3. 同居者　□4. 医師　□5. 助産師　□6. その他の立会者　□7. 公設所の長	
住所	富山市西田地方町2丁目9番16号	
本籍	富山市新桜町7　番地番　筆頭者の氏名　甲野　信	
署名（※押印は任意）	甲野　信　　　印　昭和62年9月25日生	
事件簿番号		連絡先　電話（　）　自宅・勤務先[　　]・携帯

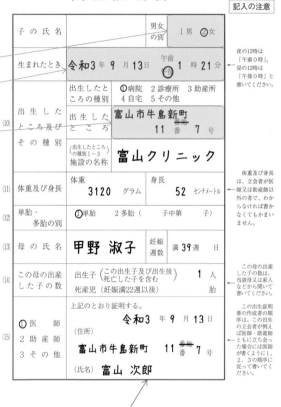

出 生 届

令和 3 年 9 月 22 日届出

富山市 長 殿

受理 令和3 年9 月22日	発送 年 月 日
第 1203 号	
送付 年 月 日	長印
第 号	
書類調査 戸籍記載 記載調査 調査票 附票 住民票 通知	

	(よみかた) こうの ももこ	父母との続き柄	
(1)	子の氏名 氏 甲野 名 桃子 （外国人のときはローマ字を付記してください）	☑嫡出子 □嫡出でない子	〔長〕 □男 ☑女
(2) 生まれた子	生まれたとき 令和3 年 9 月 13 日 □午前 ☑午後 1 時 21 分		
(3)	生まれたところ 富山市牛島新町11 番地 番 7 号		
(4)	住所（住民登録をするところ） 富山市西田地方町2丁目9番16号		
	(よみかた) こうの しん 世帯主の氏名 甲野 信	世帯主との続き柄 子	
(5)	父母の氏名 生年月日（子が生まれたときの年齢） 父 甲野 信 昭和62年 9 月 25 日（満 33 歳） 母 李 淑礼 西暦1992年 6 月 25 日（満 29 歳）		
(6) 生まれた子の父と母	本籍 父の本籍 富山市新桜町7 番地 番 筆頭者の氏名 甲野 信 母の国籍 韓国		
(7)	同居を始めたとき 令和元 年 10 月（結婚式をあげたとき、または、同居を始めたときのうち早いほうを書いてください）		
(8)	子が生まれたときの世帯のおもな仕事と □1.農業だけまたは農業とその他の仕事を持っている世帯 □2.自由業・商工業・サービス業等を個人で経営している世帯 □3.企業・個人商店等（官公庁は除く）の常用勤労者世帯で勤め先の従業者数が1人から99人までの世帯（日々または1年未満の契約の雇用者も5） □4.3にあてはまらない常用勤労者世帯及び会社団体の役員の世帯（日々または1年未満の契約の雇用者も5） □5.1から4にあてはまらないその他の仕事をしている者のいる世帯 □6.仕事をしている者のいない世帯		
(9)	父母の職業〔国勢調査の年…令和 年…の4月1日から翌年3月31日までに子が生まれたときだけ書いてください〕 父の職業 母の職業		
その他	出生証明書中母の氏名は通称名であり、李淑礼と同一人であると認め「受理」した。 富山市長 法務 太郎 印 〔印〕	出生証明書中子の氏名欄は命名前の証明により空白。	

届出人	☑1.父 □2.法定代理人（ ） □3.同居者 □4.医師 □5.助産師 □6.その他の立会者 □1.母 □7.公設所の長
	住所 富山市西田地方町2丁目9番16号
	本籍 富山市新桜町7 番地 番 筆頭者の氏名 甲野 信
	署名（※押印は任意） 甲野 信 印 昭和62年 9 月 25 日生
事件簿番号	連絡先 電話 （ ） 自宅・勤務先［ ］・携帯

《その他注意事項》

①青い線が引かれている箇所については、証明書と届書の記載が一致すること。

②出生の時分

　　夜の12時…翌日の午前0時、

　　昼の12時…午後0時とする。

　　（大3・4・8民586号回答）

③母の氏名は通称名で記載されているが、出生証明書等の氏名の文字に誤りがあっても、同一人であることが確認できる限り、受理して差し支えない取扱いである（昭25・5・10～12岡山地方法務局管内戸籍事務協議会議）。

「出生証明書を作成した医師、助産師又はその他の立会者の氏名」を記入する（ひとくちメモ⑨（100頁）参照）。

《参考》

通称名は、居住関係の公証のために住民票に記載されることが必要であることを証するに足りる資料を提示するとともに、住所地市区町村長に申出書を提出し、これが必要であると認められるときは、外国人住民票に記載される（住民基本台帳法施行令30条の16）。

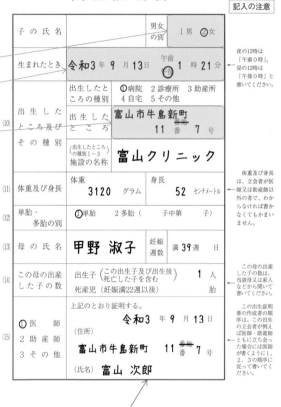

出生届 5 　韓国人父と日本人母間の婚姻前の出生子について、戸籍法62条の出生届を父から出生地の市区町村長に届け出た場合

届書を受領した日を記入する。

出生の日を含めて14日以内に届出することを要する【戸籍法49条1項】。

父母婚姻前の出生子で母が日本人であるときは、出生時の日本人母の氏を称する【民法790条】。
子の名に用いる字に制限がある（ひとくちメモ⑤（98頁）参照）。

届出時の父母の氏名を記入する。
家族関係証明書等の氏名が日本の正しい文字であるものについてはそのまま、そうでないものは片仮名を併記する。片仮名で表記した場合、本国文字は省略しても差し支えない（昭59・11・1民二5500号通達）。

婚姻年月日は、日本人母の戸籍で確認する。
本事例は、婚姻届とともに届出があったものである。

父母の婚姻年月日と戸籍法62条の届出である旨を記入する。

届出は父のみからして差し支えない【戸籍法62条】（昭23・1・29民事甲136号通達）。

受附番号は、受理の日にかかわらず、受附帳の記載順に記入する。

届書を市区町村に発送するときに記入する。
謄本を作成して送付するときは「これは謄本である」と付記し、職名を記入し職印を押印する【戸籍法施行規則67条1項、同規則12条2項、3項】。
原本を送付し謄本を自庁で保管する場合であってもこの謄本証明をする。

本例はこの届出により嫡出子となるので、婚姻前の出生子であるが嫡出子として届け出る（ひとくちメモ⑥（99頁）参照）。

届出時の日本人母の本籍を記入する。
外国人父については、「父の国籍大韓民国」又は「父の国籍韓国」のように記入する。

日本人母と外国人父の間の婚姻前に出生した子について、父母婚姻後に父から戸籍法62条の嫡出子出生届があった場合、子は母の氏を称し母の戸籍に入籍する。

出生届

受理　令和3年9月19日　第420号　発送　令和3年9月22日
送付　年　月　日　第　号
砥波市　長印
書類調査　戸籍記載　記載調査　調査票　附票　住民票　通知

令和3年9月19日届出

富山県砥波市　長　殿

(1) 子の氏名　（よみかた）おつかわ　たくや　乙川　拓也　父母との続き柄　☑嫡出子　□嫡出でない子　（長）□男　□女　（外国人のときはローマ字を付記してください）

(2) 生まれたとき　令和3年9月11日　☑午前　□午後　11時26分

(3) 生まれたところ　富山県砥波市苗加353　番地2号

(4) 住所（住民登録をするところ）　富山県砥波市栄町7番3号　（よみかた）おつかわ　ゆき　世帯主の氏名　乙川　由紀　世帯主との続き柄　子

(5) 父母の氏名生年月日（子が生まれたときの年齢）　父　金　孝夫　母　乙川　由紀　西暦1991年4月15日（満30歳）　平成7年3月22日（満26歳）

(6) 本籍（外国人のときは国籍だけを書いてください）　父の国籍　韓国　母の本籍　富山県南砥市荒木1550　番地　筆頭者の氏名　乙川　由紀

(7) 同居を始めたとき　令和2年12月（結婚式をあげたとき、または、同居を始めたときのうち早いほうを書いてください）

(8) 子が生まれたときの世帯のおもな仕事と　□1.農業だけまたは農業とその他の仕事を持っている世帯　□2.自由業・商工業・サービス業等を個人で経営している世帯　□3.企業・個人商店等（官公庁を除く）の常用勤労者世帯で勤め先の従業者数が1人から99人までの世帯（日々または1年未満の契約の雇用者は5）　☑4.3にあてはまらない常用勤労者世帯及び会社団体の役員の世帯（日々または1年未満の契約の雇用者は5）　□5.1から4にあてはまらないその他の仕事をしている者のいる世帯　□6.仕事をしている者のいない世帯

(9) 父母の職業　（国勢調査の年…令和　年…の4月1日から翌年3月31日までに子が生まれたときだけ書いてください）　父の職業　母の職業

その他　父母の婚姻年月日　令和3年9月19日届出　戸籍法62条の届出

届出人　☑1.父　□母　□2.法定代理人（　）　□3.同居者　□4.医師　□5.助産師　□6.その他の立会者　□7.公設所の長
住所　富山県砥波市栄町7番3号
本籍　韓国　番地番　筆頭者の氏名
署名（※押印は任意）　金　孝夫　印　西暦1991年4月15日生

事件簿番号　連絡先　電話（　）　自宅・勤務先［　］・携帯

出生届

受理 令和3 年 9 月 19 日	発送 令和3 年 9 月 22 日
第 420 号	
送付 年 月 日	砺波市 長印
第 号	

令和3 年 9 月 19 日届出

富山県砺波市 長 殿

(1) 子の氏名 (外国人のときはローマ字を付記してください)	(よみかた) おつかわ たくや 氏 名 乙川 拓也	父母との続き柄	☑嫡出子 長 ☑男 □女 □嫡出でない子
(2) 生まれたとき	令和3 年 9 月 11 日 ☑午前 □午後 11 時 26 分		
(3) 生まれたところ	富山県砺波市苗加353 番地 2 番		
(4) 住所 (住民登録をするところ)	富山県砺波市栄町7番3号		
	(よみかた) おつかわ ゆき 世帯主の氏名 乙川 由紀	世帯主との続き柄	子
(5) 父母の氏名 生年月日 (子が生まれたときの年齢)	父 金 孝夫	母 乙川 由紀	
	西暦1991年 4 月 15 日(満 30 歳)	平成7年 3 月 22 日(満 26 歳)	
(6) 本籍 (外国人のときは国籍だけを書いてください)	父の国籍 韓国 母の本籍 富山県南砺市荒木1550 番地 筆頭者の氏名 乙川 由紀		
(7) 同居を始めたとき	令和2 年 12 月 (結婚式をあげたとき、または、同居を始めたときのうち早いほうを書いてください)		
(8) 子が生まれたときの世帯のおもな仕事と	□1. 農業だけまたは農業とその他の仕事を持っている世帯 □2. 自由業・商工業・サービス業等を個人で経営している世帯 □3. 企業・個人商店等(官公庁は除く)の常用勤労者世帯で勤め先の従業者数が1人から99人までの世帯(日々または1年未満の契約の雇用者は5) □4. 3にあてはまらない常用勤労者世帯及び会社団体の役員の世帯(日々または1年未満の契約の雇用者は5) □5. 1から4にあてはまらないその他の仕事をしている者のいる世帯 □6. 仕事をしている者のいない世帯		
(9) 父母の職業	(国勢調査の年…令和 年 の4月1日から翌年3月31日までに子が生まれたときだけ書いてください) 父の職業 母の職業		
その他	父母の婚姻年月日 令和3 年9 月19 日届出 戸籍法62条の届出		

届出人
☑1.父 □2.法定代理人( ) □3.同居者 □4.医師 □5.助産師 □6.その他の立会者
□母
□7.公設所の長

住所 富山県砺波市栄町7番3号

本籍 韓国 番地 番 筆頭者の氏名

署名(※押印は任意) 金 孝夫 印 西暦1991 年 4 月 15 日生

事件簿番号

連絡先 電話 ( )
自宅・勤務先[ ]・携帯

出生証明書

子の氏名	乙川 拓也	男女の別	①男 2女
生まれたとき	令和3 年 9 月 11 日 午前 午後 11 時 26 分		
(10) 出生したところ及びその種別	出生したところの種別	①病院 2診療所 3助産所 4自宅 5その他	
	出生したところ	富山県砺波市苗加 353 番地 2 番	
	(出生したところの種別1~3)施設の名称	砺波産婦人科	
(11) 体重及び身長	体重 3200 グラム	身長 51 センチメートル	
(12) 単胎・多胎の別	①単胎 2多胎(子中第 子)		
(13) 母の氏名	乙川 由紀	妊娠週数 満 40 週 日	
(14) この母の出産した子の数	出生子(この出生子及び出生後死亡した子を含む) 1 人 死産児(妊娠満22週以後) 胎		
(15) ①医師 2助産師 3その他	上記のとおり証明する。 令和3 年 9 月 11 日 (住所) 富山県砺波市苗加353 番地 2 番 (氏名) 砺波 三郎		

「出生証明書を作成した医師、助産師又はその他の立会者の氏名」を記入する(ひとくちメモ⑨(100頁)参照)。

《その他注意事項》
①青い線が引かれている箇所については、証明書と届書の記載が一致すること。
②出生の時分は
　夜の12時…翌日の午前0時、
　昼の12時…午後0時とする。
　(大3・4・8民586号回答)

縁組他
離縁他
婚姻他
離婚他
死亡
外国人父母への氏変
親権

出生届6 — 日本人父と中国人母（台湾籍）間の婚姻前の出生子について、戸籍法62条の出生届を父から本籍地の市区町村長に届け出た場合

出生届書における外国人である子の氏名の表記についてはひとくちメモ③（98頁）を参照。

届出時の父母の氏名を記入する。
本国戸籍の氏名が日本の正しい文字であるものについてはそのまま、そうでないものは片仮名を併記する。
片仮名で表記した場合、本国文字は省略しても差し支えない（昭59・11・1民二5500号通達）。

父母の婚姻年月日と戸籍法62条の届出である旨を記入する。

婚姻年月日は、日本人父の戸籍で確認する。
本事例は、婚姻届とともに届出があったものである。

出生子が外国人のときに日本人父から戸籍法62条の出生届ができるのは日本国内で出生した者に限られる（注意参照）。

出 生 届

令和3 年 9 月 22 日届出

金沢市　長 殿

受理	令和3 年 9 月 22 日	発送	年 月 日
第	21 号		
送付	年 月 日		長 印
第	号		
書類調査	戸籍記載	記載調査	調査票 附票 住民票 通知

届書を受領した日を記入する。

受附番号は、受理の日にかかわらず、受附帳の記載順に記入する。

(1)	（よみかた）	きむ しずか	父母との続き柄
	子の氏名（外国人のときはローマ字を付記してください）	金 静香	☑嫡出子 □嫡出でない子　（長）□男 ☑女
(2)	生まれたとき	令和3 年 9 月 11 日　☑午前 □午後　11 時 15 分	
(3)	生まれたところ	金沢市新神田4丁目3　番地 10 号	
(4)	住所（住民登録をするところ）	金沢市広坂1丁目1番1号	
	（よみかた）	こうの たつや	
	世帯主の氏名	甲野 達也	世帯主との続き柄　子
(5)	父母の氏名生年月日（子が生まれたときの年齢）	父 甲野 達也　昭和61年 6 月 10 日（満 35 歳）	母 金 京姫　西暦1996年 11 月 8 日（満 24 歳）
(6)	本籍（外国人のときは国籍だけを書いてください）	父の本籍 金沢市広坂1丁目1　番	
	筆頭者の氏名	甲野 達也　母の国籍 中国	
(7)	同居を始めたとき	令和3 年 3 月（結婚式をあげたとき、または、同居を始めたときのうち早いほうを書いてください）	
(8)	子が生まれたときの世帯のおもな仕事と	□1. 農業だけまたは農業とその他の仕事を持っている世帯　□2. 自由業・商工業・サービス業等を個人で経営している世帯　□3. 企業・個人商店等（官公庁を除く）の常用勤労者世帯で勤め先の従業者数が1人から99人までの世帯（日々または1年未満の契約の雇用者は5）　□4. 3にあてはまらない常用勤労者世帯及び会社団体の役員の世帯（日々または1年未満の契約の雇用者は5）　□5. 1から4にあてはまらないその他の仕事をしている者のいる世帯　□6. 仕事をしている者のいない世帯	
(9)	父母の職業	（国勢調査の年…令和　年の4月1日から翌年3月31日までに子が生まれたときだけ書いてください）　父の職業　　　母の職業	
その他	父母の婚姻届出年月日　令和3 年9 月22日　戸籍法62条の届出　母の護照の写し　子の国籍　中国	出生証明書中子の氏名欄は、命名前の証明により空白	

届出人	☑父 □母　□1. 父母　□2. 法定代理人（　）　□3. 同居者　□4. 医師　□5. 助産師　□6. その他の立会者　□7. 公設所の長
	住所　金沢市広坂1丁目1番1号
	本籍　金沢市広坂1丁目1　番　筆頭者の氏名　甲野 達也
	署名（※押印は任意）　甲野 達也　印　昭和61年 6 月 10 日生
事件簿番号	
	連絡先　電話（　）　自宅・勤務先［　］・携帯

嫡出子…婚姻中又は離婚後300日以内に出生した子
嫡出でない子…法律上の婚姻関係にない男女の間に出生した子
本例はこの届出により嫡出子となるので、婚姻前の出生子であるが嫡出子として届け出る（ひとくちメモ⑥（99頁）参照。

届出時の父の本籍を記入する。
外国人母については国籍を有する国の国名を記入する。
国名は略称でもよい（昭49・2・9民二988号回答）。

《添付書類》
子の国籍を証する書面（本事例では未登録の子であるので母の護照の写し）

《注意》
この届出があった場合は、日本人父の戸籍に、参考記載例番号（19）（※戸籍六法に掲載）の「外国人母の出生した子について、日本人父から戸籍法62条による嫡出子の出生届がされた場合」の記録をする。

出 生 届

令和3 年 9 月 22日届出

金沢市　長 殿

受理 令和3 年 9 月 22日	発送　年 月 日	
第　21　号	長印	
送付　年 月 日		
第　　　号		
書類調査 戸籍記載 記載調査 調査票 附票 住民票 通知		

	(よみかた) きむ　しずか	父母との続き柄	
(1)	子の氏名　金　静香 (外国人のときはローマ字を付記してください)	☑嫡出子 □嫡出でない子	長 ☐男 ☑女
(2) 生	生まれたとき　令和3 年 9 月 11 日 ☑午前 □午後 11 時 15 分		
(3) ま	生まれたところ　金沢市新神田4丁目3 番 10 号		
(4) れ	住所 (住民登録をするところ)　金沢市広坂1丁目1番1号		
	た	(よみかた) こうの　たつや 世帯主の氏名　甲野 達也	世帯主との続き柄　子
(5) 子	父母の氏名 生年月日 (子が生まれたときの年齢)　父 甲野 達也　母 金 京姫		
		昭和61年 6 月 10日 (満35 歳)　西暦1996年 11 月 8 日 (満24 歳)	
(6) 生	本 籍 (外国人のときは国籍だけを書いてください)　父の本籍 金沢市広坂1丁目1 番	筆頭者の氏名　甲野 達也 母の国籍 中国	
(7) ま	同居を始めたとき　令和3 年 3 月 (結婚式をあげたとき、または、同居を始めたときのうち早いほうを書いてください)		
(8) れた子の父と母	子が生まれたときの世帯のおもな仕事と	□1. 農業だけまたは農業とその他の仕事を持っている世帯 □2. 自由業・商工業・サービス業等を個人で経営している世帯 □3. 企業・個人商店等(官公庁は除く)の常用勤労者世帯で勤め先の従業者数が1人から99人までの世帯(日々または1年未満の契約の雇用者は5) □4. 3にあてはまらない常用勤労者世帯及び会社団体の役員の世帯(日々または1年未満の契約の雇用者は5) □5. 1から4にあてはまらないその他の仕事をしている者のいる世帯 □6. 仕事をしている者のいない世帯	
(9)	父母の職業 (国勢調査の年…令和 年…の4月1日から翌年3月31日までに子が生まれたときだけ書いてください)　父の職業	母の職業	

その他	父母の婚姻届出年月日　令和3 年9 月22日 戸籍法62条の届出 母の護照の写し　子の国籍　中国	出生証明書中子の氏名欄は、命名前の証明により空白

届出人	☑1.父 □2.法定代理人(　　　) □3.同居者 □4.医師 □5.助産師 □6.その他の立会者 □7.公設所の長	
	住所　金沢市広坂1丁目1番1号	
	本籍　金沢市広坂1丁目1 番	筆頭者の氏名　甲野 達也
	署名 (※押印は任意)　甲野 達也　印	昭和61年 6 月 10日生

事件簿号		連絡先	電話 (　　)　 自宅・勤務先[　　]-携帯

出 生 証 明 書

子の氏名		男女の別	1男 ②女
生まれたとき	令和3 年 9 月 11日 ⑪午前 午後 11 時 15 分		
(10) 出生したところ及びその種別	出生したところの種別	①病院 2診療所 3助産所 4自宅 5その他	
	出生したところ	金沢市新神田4丁目 3 番 10 号	
	(出生したところの種別1~3)施設の名称	金沢中央病院	
(11) 体重及び身長	体重 3130 グラム	身長 50 センチメートル	
(12) 単胎・多胎の別	①単胎 2多胎(　子中第　子)		
(13) 母の氏名	金 京姫	妊娠週数 満39 週 日	
(14) この母の出産した子の数	出生子 (この出生子及び出生後死亡した子を含む) 1 人 死産児 (妊娠満22週以後) 胎		
(15)	①医 師 2助産師 3その他	上記のとおり証明する。 令和3 年 9 月 11日 (住所) 金沢市新神田4丁目3 番地 10号 (氏名) 金沢 四郎	

「出生証明書を作成した医師、助産師又はその他の立会者の氏名」を記入する(ひとくちメモ⑨(100頁)参照)。

《その他注意事項》
①青い線が引かれている箇所については、証明書と届書の記載が一致すること。
②出生の時分
　夜の12時…翌日の午前0時、
　昼の12時…午後0時とする。
　(大3・4・8民586号回答)

出生届 7 — フィリピン人父と日本人母間の嫡出でない子について、母から本籍地の市区町村長に届け出た場合（父子関係に事実主義を認める例）

届書を受領した日を記入する。

国外で出生したときは、3か月以内に届出することを要する【戸籍法49条1項】。

嫡出でない子の場合でも、父の本国法で事実主義が採用されていれば、父の氏名を記入できる（注意参照）。

届出時の父母の氏名を記入する。
外国人の氏名は片仮名で、氏、名の順で間に読点を付して記載し、生年月日は西暦で表記する（注意参照）。

届出時の日本人母の本籍を記入する。
外国人父については、「父国籍フィリピン共和国」又は「父の国籍フィリピン」のように記入する（昭49・2・9民二988号回答）。

父の本国法が事実主義（ひとくちメモ⑦（99頁））を採用している旨を記入する。

届出人の資格を調査する。
①嫡出子は父又は母
②嫡出でない子は母
③嫡出子で父母が離婚している場合は母
④上記の者が届出できないときは
　第1…同居者
　第2…出産に立ち会った医師、助産師又はその他の者

《その他注意事項》
母からの出生届に基づき、子が既に母の戸籍に入籍している場合は、これと同様の添付書類をもって、父の氏名を記載する旨の出生届の追完届をすることができる（出生届の追完（20頁）参照）。

受附番号は、受理の日にかかわらず、受附帳の記載順に記入する。

嫡出でない子に「✓」印をつけ、母との続柄を記入する。国により嫡出子の規定が異なる説明については、ひとくちメモ⑥（99頁）を参照。

出生証明書・訳文と照合する（ひとくちメモ④（98頁）、ひとくちメモ㉖（104頁）参照）。

《添付書類》
①父の国籍証明書（パスポート等）
②父の本国法が事実主義を採用している旨の証明書
③事件本人の父であることを認めている証明書
　（父の申述書、父の宣誓署名がある出生証明書等）
　（平元・10・2民二3900号通達）
なお、②については、その国の法律が事実主義を採用していることが先例等で明らかにされていれば、添付を省略してもよい。

《注意》
平元・10・2民二3900号通達、第3の2(2)
　1　届書の父欄に氏名の記載がある。
　2　「その他」欄に父の本国法が事実主義を採用している旨の記載がある。
　3　証明書
　　①父の本国法上事実主義を採用している旨の証明書（フィリピンは事実主義を採用している国であると認められているので、不要）
　　②その者が事件本人の父であることを認めている証明書
1、2、3を満たしているとき、事件本人の戸籍の父欄に氏名を記載する。

事実主義については、ひとくちメモ⑦（99頁）を参照。

出生届

令和3 年 9 月 22 日届出

富山市　長 殿

受理 令和3 年9月22日	発送　年 月 日
第　1210　号	
送付　年 月 日	長印
第　　号	
書類調査 戸籍記載 記載調査 調査票 附票 住民票 通知	

(1) 子の氏名（外国人のときはローマ字を付記してください）	こうの 甲野　氏　ナオミ 名	父母との続き柄	□嫡出子　長　□男 ☑嫡出でない子　☑女
(2) 生まれたとき	令和3 年 7 月 6 日 □午前 □午後　時　分		
(3) 生まれたところ	フィリピン共和国レイテ州マタロン郡エスペランサ 番地 番　号		
(4) 住所（住民登録をするところ）	富山市牛島新町11番7号		
	世帯主の氏名 こうの たえこ 甲野 妙子	世帯主との続き柄 子	
(5) 父母の氏名 生年月日（子が生まれたときの年齢）	父 パンタイレガスピ、フェリシアーノ 西暦1989年 8 月31日（満32歳）	母 甲野 妙子 平成3 年 4 月22日（満30歳）	
(6) 本籍（外国人のときは国籍だけを書いてください）	父の国籍フィリピン 母の本籍 富山市牛島新町11 番地 番 筆頭者の氏名 甲野 妙子		
(7) 同居を始めたとき	令和2 年 4 月（結婚式をあげたとき、または、同居を始めたときのうち早いほうを書いてください）		
(8) 子が生まれたときの世帯のおもな仕事と	□1. 農業だけまたは農業とその他の仕事を持っている世帯 □2. 自由業・商工業・サービス業等を個人で経営している世帯 □3. 企業・個人商店等（官公庁は除く）の常用勤労者世帯で勤め先の従業者数が1人から99人までの世帯（日々または1年未満の契約の雇用者は5） □4. 3にあてはまらない常用勤労者世帯及び会社団体の役員の世帯（日々または1年未満の契約の雇用者は5） □5. 1から4にあてはまらないその他の仕事をしている者のいる世帯 □6. 仕事をしている者のいない世帯		
(9) 父母の職業	（国勢調査の年・令和　年一の4月1日から翌年3月31日までに子が生まれたときだけ書いてください） 父の職業　　　母の職業		
その他	父の本国法は事実主義を採用している。 父のパスポートの写し 出生証明書（父の署名のあるもの）	日本国籍を留保する。 甲野 妙子	
届出人	☑1. 父 □2. 法定代理人（　　）□3. 同居者 □4. 医師 □5. 助産師 □6. その他の立会者 □母 □7. 公設所の長		
	住所 富山市牛島新町11番7号		
	本籍 富山市牛島新町11 番地 番 筆頭者の氏名 甲野 妙子		
	署名（※押印は任意）甲野 妙子　印	平成3 年 4 月22日生	

| 事件簿番号 | 連絡先 電話 （　）自宅・勤務先[　]・携帯 |

14

右側の日本語翻訳文書：

地方民事局書式 NO.102　　　　　　　　　（4枚複写にて作成）　備考／注釈

フィリピン共和国
民事登録総局
出 生 証 明 書

州
市／地方自治体　カマリネス ノルテ ラボ　　登録番号 2005-2016　　民事登録総局記入

出生児
1. 氏名　　名　　　　　ミドル・ネーム　　　姓

2. 性別 X 1男性 2.女性　　3. 出生日 2005年08月31日　本欄以降は市民事登録官事務所にて記入の事
4. 出生地（病院診療所自宅所在地バランガイ名）市／自治体　　　州
　バランガイ アナハウ ラインーイン　　ラボ　カマリネス ノルテ
5a. 出生タイプ　　　　　　　　b もし複数出生の場合、本児童は
　X 1単独児　2双子　3三つ子,他　1第一児 2第二児 3その他
c 出生順位（本出産を含め出産及び死産の内）d.出生時の体重
　第一児（第一、第二、第三、等）　3,700 grams

母親
6. 婚姻前氏名　　名　　　　ミドル・ネーム　　姓
7. 国籍；日本国　　　　8. 宗教；仏教
9a.生きて生まれた子供の総数 b.本出生児を含め現在生存の c.生きて出産したが現在は死
　　1 名　　　子供数 1 名　　亡の子供数　0 名
10. 職業；主婦　　　11.本出産時の年齢；21才
12. 住所；カマリネス ノルテ パラカレ バランガイ トゥゴス

父親
13. 氏名　　名　　　　ミドル・ネーム　　姓
14. 国籍；フィリピン人　15. 宗教；ローマン カトリック
16. 職業；自営業　　　16.本出生児の出生時の年齢；36才

18.両親の婚姻の年月日及び場所（もし結婚していない場合、裏面の認知／父親である認知の宣誓証明を記入）
　未婚／
19a. 出生時の立会い
　1.医師　2.看護婦　X 3.助産婦　4.産婆（社会伝統的助産婦）　5.その他
19b. 出生証明；
　私は上記載の日時・場所において午後11時30分に出生した児童の出産に立ち会った事を証します。
署名；　署名あり　　　　　住所；カマリネス ノルテ ラボ
　　　　　　　　　　　　　　バランガイ アナハウ
氏名；　ジー
職責；　医療記録助産婦　　　日付；2005年09月16日
20. 届出人；
署名；（署名あり）　　　　　住所；
氏名；
職責；父親　　　　　　　　日付；2005年09月16日
21. 本書作成者　　　　22. 市民事登録官事務所での受理
署名；署名あり　　　　署名；署名あり
氏名；　　　　　　　氏名；
職責；医療記録助産婦　職責；地方民事登録官
日付；2005年09月16日　日付；2005年09月16日

署名

01207-09-009CCD-00119B I 002
T00901207009001190422003002

カルメリタ N. エリクタ
行政官＆民事登録総局長
国家統計局

CB900196226

翻訳日：2006年05月06日　　翻訳者；
NIHON CONSULTANCY SERVICE INC.　TEL；899-5512/5513
9815 KAMAGONG ST, SAN ANTONIO VILLAGE MAKATI CITY, PHILIPPINES.

【証明書　裏】 この出生証明書は参考として掲載したものであり、記載例の内容とは合致しておりません。

裏面に父の署名があるか確認する。

左側の様式（英文）:

For births before 3 August 1988/on or after 3 August 1988

AFFIDAVIT OF ACKNOWLEDGMENT/ADMISSION OF PATERNITY

We/I, _____ and _____ parents/parent of the child mentioned in this Certificate of Live Birth, do hereby solemnly swear that the information contained herein are true and correct to the best of our/my knowledge and belief.

(Signature of Father) ／ (Signature of Mother)
Community Tax No. ／ Community Tax No.
Date Issued ／ Date Issued
Place Issued ／ Place Issued

SUBSCRIBED AND SWORN to before me this _____ day of _____, 20__ at Labo, Camarines Norte, Philippines.

(Signature of Administering Officer) ／ Mun. Civil Reg., (Title/Designation)
(Name in Print) ／ Labo Camarines Norte (Address)

Not applicable for births before 27 February 1931.

AFFIDAVIT FOR DELAYED REGISTRATION OF BIRTH
(Either the person himself if 18 years old or over, or father/mother/guardian may accomplish this affidavit.)

I, _____, of legal age, single/married and with residence and postal address at _____ after having been duly sworn to in accordance with law, do hereby depose and say:

1. That I am the applicant for the delayed registration of my birth/of the birth of _____
2. That I/he/she was born on _____
3. That I/he/she was attended at birth by _____ who resides at _____
4. That I/he/she is a citizen of _____
5. That my/his/her parents were ☐ married on _____ at _____
   ☐ not married but was acknowledged by his/her father whose name is _____
6. That the reason for the delay in registering my/his/her birth was due to _____
7. That a copy of my/his/her birth certificate is needed for the purpose of _____
8. ☐ (For the applicant only) That I am married to _____
   ☐ (For the father/mother/guardian) That I am the _____ of the said person.

(Signature of Affiant)
Community Tax No. _____
Date Issued _____
Place Issued _____

SUBSCRIBED AND SWORN to before me this _____ day of _____ at _____ Philippines.

(Signature of Administering Officer) ／ (Title/Designation)
(Name in Print) ／ (Address)

01207-09-009CCD-00119BI002
BEST POSSIBLE IMAGE
T009012070090011904222003002
CB000196227

CARMELITA N. ERICTA
Administrator and Civil Registrar General
National Statistics Office

右側（和文訳）:

(本書は ユウタ ベリンの NSO 発行の出生証明書謄本 2002-2016 の裏面。)

認知の宣誓証明

(父親の署名) ／ (母親の署名)
住民税証明 No._____ ／ 住民税証明 No._____
発行日 _____ ／ 発行日 _____
発行地 _____ ／ 発行地 _____

本職の面前にて、本日 2005 年 09 月 16 日、フィリピン カマリネス ノルテ ラボ にて、宣誓及び供述が行われました。

(行政官の署名)(署名有り) ／ (地位、職責) 地方民事登録官
(氏名)フィリピナ 苗字 ヘリセ ／ (住所) カマリネス ノルテ ラボ

出生の遅延登録に関する宣誓供述

(1931 年 2 月 27 日以前の出生には適用不可。又本人・但し 18 以上であれば、又は父親/母親/保護者の内何れかであれば本宣誓供述の作成を可とする。)

私、_____、成人、独身/既婚、又現住所を _____ とする、は法に則り正式に宣誓したる後、本書により供述及び証言する。
1. 私は _____ 出生の遅延登録の申請人であります。
2. 彼女は _____ にて出生しました。
3. 彼女の出生には、_____ が立ち会いました。
4. 彼女の国籍は _____ です。
5. 彼女の両親は _____ にて婚姻しました。
6. 彼女の出生の登録が遅延した理由は _____ によるものであります。
7. 彼女の出生証明の謄本が _____ への届の為に必要であります。
8. a (申請人用) 私は _____ と婚姻しています。
   b (父親/母親/保護者) 私は当該人の父親/___/保護者です。
(署名) (宣誓供述人の署名) 発行日；_____ 発行地；_____

本職の面前にて、本日 _____ にて、宣誓及び供述が行われました。

(行政官の署名) ／ 地位・役職
(氏名/楷書) ／ (住所)

01207-09-009CCD-00119BI002
(NSO コンピューター・コード)

T009012070090011904222003002

CB00196227

注；本証明は NSO 発行の民事登録原本からの謄本

署名
カメリタ N エリクタ
行政官並びに民事登録総局長官
国家統計局

翻訳者； 翻訳日：2006年05月06日、
NIHON CONSULTANCY SERVICES INC
9815, Kamagong Street, San Antonio Village, Makati City, Metro Manila, Philippines
Tel: 899-5511, Fax: 899-5515

16

○出生による国籍取得に関する各国法制一覧①

国名　ア〜エ（アイウエオ順）

〔凡例〕
1　※印を付した国は、最新の法令を調査中の国である。
2　「根拠法令」欄に「調査中」とあるのは、当該外国の国籍関係法令が不明なものである。
3　国名の配列は五十音順とした。なお、国名は正式名称により表記したが、必要に応じ略称等をカッコ書きで付記した。
4　生地主義……生地主義について○印を付した上、いわゆる条件付生地主義の場合は、カッコ書きで条件の主な内容を明示した。
　　（注）　いわゆる補充的生地主義については、これにより重国籍となる事例が乏しいため、記載を省略した。
5　血統主義……血統主義については、当該国内で出生した場合と当該国外で出生した場合とに分け、いわゆる父母両系主義は「両系」と、父系主義は「父系」とそれぞれ略記し、出生登録、居住等の条件が付されている場合は「両系」のように×印を肩書した。なお、条件の内容について確認できるものにつき表記した。

国　　名	生地主義	血統主義		根拠法令（制定及び改正年月日）及び条件等
		国内で出生	国外で出生	
アイスランド共和国		両系	両系	国籍法（1998. 12. 23、1998. 6. 16改正）1条
アイルランド	○（両親が共にアイルランド国籍を有しない場合は、両親のうち少なくとも一方が子供の出生時に先立つ4年間のうち3年以上アイルランドに合法的に居住している場合に限る。）		×両系	国籍及び市民権法（1956、1986、2001、2004改正）6条、7条　両親の一方が国外で生まれたアイルランド人であるときは、登録によって取得。
※アフガニスタン	○（一定の国内居住が必要）		父母がともにアフガニスタ人のとき取得	国籍法（1936. 11. 8）2条、3条、4条、5条
※アメリカ合衆国	○		×両系	移民及び国籍法（1952. 12. 24、1986. 10. 18改正）301条　国外出生子の場合は両親の一方につき居住条件がある。
アラブ首長国連邦		父系	父系	国籍旅券法（1972、1975改正）2条
アルジェリア民主主義人民共和国		両系	両系	国籍法（2005. 2. 27）6条、7条
アルゼンチン共和国	○		×両系	国籍法（1869. 10. 8法律第346号）1条（新市民権法及び帰化法（1984年法第23059号）により、1869. 10. 8法第346号が復活）
※アルバニア共和国		×両系	×両系	国籍法（1946. 12. 16）3条、4条　国外出生子については居住要件、登録要件等の制限がある。
アルメニア共和国		×両系	×両系	市民権法（1995. 11. 6、2007. 2. 26改正）11条　出生の際、両親の一方がアルメニア共和国民であり、他方が他国の国民である場合、子の国籍は、両親の書面による合意により確定される。
※アンゴラ共和国		両系	両系	国籍法（1991. 5. 6）9条
アンティグア・バーブーダ	○（父母共に市民でないときは取得しない）		×両系	憲法（1981. 7. 31）113条
イエメン共和国		父系	父系	国籍法（1990. 8. 26）3条
※イスラエル国		両系	両系	国籍法（1952. 4. 1、1980改正）4条
イタリア共和国		両系	両系	国籍法（1992. 2. 5）1条
※イラク共和国		父系	父系	国籍法（1963）4条
イラン・イスラム共和国		×両系	×両系	民法典（1935. 2. 16、1991. 11、2019改正）976条　父親が外国人で母親がイラン人の場合は、母親による国籍取得の申請がなされた際に子はイラン国籍を取得する。
インド		両系	×両系	市民権法（1955、1986、1992改正、1992. 12. 10発効）3条、4条　国外において出生した場合につき、1950年1月26日から1992年12月9日までの間に出生した者は父系、1992年12月10日以降出生した者は両系だが、領事館に出生登録を一定期限内にすること等の条件がある。
インドネシア共和国		両系	両系	国籍法（2006. 8. 1）4条
ウガンダ共和国				（調査中）
※ウクライナ	○（外国人を親として出生した場合等は条件付）	両系	両系	市民権法（1991、1997、2001、2005改正）7条
ウルグアイ東方共和国	○		×両系	憲法（1966. 8. 24）74条　国内に定住し市民登録をすると生来の市民となる。
グレート・ブリテン及び北アイルランド連合王国（英国）	○（父母の一方が市民権を有するか又は国内定住していること。）		×両系	国籍法（1981. 10. 30）1条、2条　父又は母が(1)血統以外の事由による英国市民であること、(2)政府が指定する種別の職務に従事していること等の条件がある。

＊「戸籍六法（令和5年版）」（テイハン刊）から転載

出生他

縁組他

離縁他

婚姻他

離婚他

死亡

外国人父母への氏変

親権

出生届8　韓国人夫婦の嫡出子について、父から所在地の市区町村長に届け出た場合

届出は届出人の所在地でする【戸籍法25条2項】。

父母が外国籍の場合は、子も外国籍となる。外国人の子の氏名は片仮名で表記し、その下にローマ字を付記する。父母のパスポートにより、氏の表記を確認し、同一となるように記入する。
本国法上、氏名を漢字で表記する外国人の場合は、正しい日本文字としての漢字を用いる場合は、片仮名表記は不要（注意参照）。

それぞれの国籍を有する国の国名を記入する。
国名は略称でもよい（昭49・2・9民二988号回答）。

父母の婚姻年月日を記入する。届出人は、父母いずれでもよい。

外国人の署名は原則として本国文字で行う。
日本文字を常用している場合は、日本語による署名（本国名を日本語表記した場合に限る）でも差し支えない。

受附番号は、受理の日にかかわらず、受附帳の記載順に記入する。

非本籍人の方で受附ける。受附番号は受理の日にかかわらず、受附帳（非本籍人）の記載順に記入する。
受附帳の備考欄には母の氏名、国名を記載しておく。

《一般的注意事項》
①届書はすべて日本文字で記入する。
②届書は記載不要届書類として保存する【戸籍法施行規則50条】が、在日朝鮮人の戸籍届書については、当分の間そのまま保管することにされている。
（昭41・8・22民事甲2431号通達）

《注意》
子が外国人である場合には、出生届書に記載する子の氏名は片仮名で表記し、その下にローマ字を付記させなければならない。
ただし、届出人がローマ字を付記しないときでも、便宜上その届出を受理して差し支えない。
子が中国人、朝鮮人等本国法上氏名を漢字で表記する外国人である場合には、出生届書に記載する子の氏名は、正しい日本文字としての漢字を用いるときに限り、片仮名による表記をさせる必要はない（昭56・9・14民二5537号通達）。

出生届

令和3年9月12日届出

富山市　　長殿

受理　令和3年9月22日　第2001号　発送　年月日
送付　年月日　第　号　長印
書類調査　戸籍記載　記載調査　調査票　附票　住民票　通知

(1) 子の氏名（外国人のときはローマ字を付記してください）	リー　李　ともこ　朋子　RII　TOMOKO	父との続き柄　☑嫡出子　□嫡出でない子　長　□男　☑女
(2) 生まれたとき	令和3年9月12日　☑午前 □午後　11時25分	
(3) 生まれたところ	富山市牛島新町11　番地 番7号	
(4) 住所（住民登録をするところ）	富山市新桜町7番38号　リーたかお　世帯主の氏名 李隆夫　世帯主との続き柄 子	
(5) 父母の氏名 生年月日（子が生まれたときの年齢）	父 李隆夫　西暦1991年3月8日（満30歳）　母 朴良子　西暦1995年6月19日（満26歳）	
(6) 本籍（外国人のときは国籍だけを書いてください）	父母の国籍 韓国　番地番　筆頭者の氏名	
(7) 同居を始めたとき	令和2年1月（結婚式をあげたとき、または、同居を始めたときのうち早いほうを書いてください）	
(8) 子が生まれたときの世帯のおもな仕事と	1.農業だけまたは農業とその他の仕事を持っている世帯 2.自由業・商工業・サービス業等を個人で経営している世帯 3.企業・個人商店等（官公庁は除く）の常用勤労者世帯で勤め先の従業者数が1人から99人までの世帯（日々または1年未満の契約の雇用者は5） 4.3にあてはまらない常用勤労者世帯及び会社団体の役員の世帯（日々または1年未満の契約の雇用者は5） 5.1から4にあてはまらないその他の仕事をしている者のいる世帯 6.仕事をしている者のいない世帯	
(9) 父母の職業	父の職業　母の職業	
その他	父母は令和2年1月22日 富山市長に婚姻届出	

届出人
☑父 □1.母 □2.法定代理人（　）□3.同居者 □4.医師 □5.助産師 □6.その他の立会者 □7.公設所の長
住所 富山市新桜町7番38号
本籍 韓国　番地番　筆頭者の氏名
署名（※押印は任意）李隆夫　印　西暦1991年3月8日生

事件簿番号
連絡先 電話（　）自宅・勤務先[　]・携帯

18

出 生 届

令和3 年 9 月 22 日届出

富山市 長 殿

受理	令和3 年 9 月 22日	発送	年 月 日
第	2001 号		長印
送付	年 月 日		
第	号		

書類調査	戸籍記載	記載調査	調査票	附票	住民票	通知

（1）子の氏名
（よみかた）リー ともこ
李 朋子
（外国人のときはローマ字を付記してください）
RII TOMOKO

父母との続き柄
☑嫡出子
□嫡出でない子
長
□男 ☑女

（2）生まれたとき　令和3 年 9 月 12 日　☑午前 □午後　11 時 25 分

（3）生まれたところ　富山市牛島新町11　番 7 号

（4）住所（住民登録をするところ）　富山市新桜町7番38号
（よみかた）リー たかお
世帯主の氏名　李 隆夫
世帯主との続き柄　子

（5）父母の氏名・生年月日（子が生まれたときの年齢）
父　李 隆夫
母　朴 良子
西暦1991年 3 月 8 日（満30歳）
西暦1995年 6 月 19 日（満26歳）

（6）本籍（外国人のときは国籍だけを書いてください）
父母の国籍 韓国
番地 番
筆頭者の氏名

（7）同居を始めたとき　令和2 年 1 月（結婚式をあげたとき、または、同居を始めたときのうち早いほうを書いてください）

（8）子が生まれたときの世帯のおもな仕事と
□1．農業だけまたは農業とその他の仕事を持っている世帯
□2．自由業・商工業・サービス業等を個人で経営している世帯
□3．企業・個人商店等（官公庁は除く）の常用勤労者世帯で勤め先の従業者数が1人から99人までの世帯（日々または1年未満の契約の雇用者は5）
□4．3にあてはまらない常用勤労者世帯及び会社団体の役員の世帯（日々または1年未満の契約の雇用者は5）
□5．1から4にあてはまらないその他の仕事をしている者のいる世帯
□6．仕事をしている者のいない世帯

（9）父母の職業
国勢調査の年…令和 年の4月1日から翌年3月31日までに子が生まれたときだけ書いてください
父の職業　母の職業

その他
父母は令和2 年1 月22日 富山市長に婚姻届出

届出人
☑1．父 □2．法定代理人（ ） □3．同居者 □4．医師 □5．助産師 □6．その他の立会者
□7．公設所の長

住所　富山市新桜町7番38号
本籍　韓国　番地 番　筆頭者の氏名
署名（※押印は任意）　李 隆夫　印　西暦1991年 3 月 8 日生

事件簿番号

連絡先　電話（ ）
自宅・勤務先[ ]・携帯

出 生 証 明 書

子の氏名　李 朋子　男女の別　1 男 ②女

生まれたとき　令和3 年 9 月 12 日　午前 ⑪午後 11 時 25 分

（10）出生したところの種別　①病院 2 診療所 3 助産所 4 自宅 5 その他

出生したところ　富山市牛島新町 11 番 7 号

その種別（出生したところの種別1～3施設の名称）　富山産婦人科病院

（11）体重及び身長　体重 3120 グラム　身長 53 センチメートル

（12）単胎・多胎の別　①単胎 2 多胎（ 子中第 子）

（13）母の氏名　朴 良子　妊娠週数 満39 週 日

（14）この母の出産した子の数
出生子（この出生子及び出生後死亡した子を含む） 1 人
死産児（妊娠満22週以後） 胎

（15）上記のとおり証明する。
①医師 2 助産師 3 その他
令和3 年 9 月 12 日
（住所）富山市牛島新町 11 番地 番 7 号
（氏名）品川 太郎

「出生証明書を作成した医師、助産師又はその他の立会者の氏名」を記入する（ひとくちメモ⑨（100頁）参照）。

《その他注意事項》
①青い線が引かれている箇所については、証明書と届書の記載が一致すること。
②出生の時分は
夜の12時…翌日の午前0時、
昼の12時…午後0時とする。
（大3・4・8民586号回答）

19

出生届の追完

事実主義を採用する外国人父の氏名を記載する旨の、出生届の追完の届出が母から本籍地の市区町村長にあった場合

届出地は、基本の届出をした市区町村のほか基本の届書の送付を受けた市区町村でもよい。

追完届を必要とする基本の届出事件名を記入する。

基本の届出における届出人の氏名を記入する。

母からの出生の届出により子が既に入籍している場合において、外国人父の本国法が父子関係につき事実主義を採用しているときは、母から、下記の添付書類を提出して、父の氏名を記載する旨の出生届の追完の届出ができる（平成元年通達第3の2(2)イ）ので、その追完届をする旨記入する。

添付書類として、
①父の国籍証明書（パスポートの写しの場合は原本確認）
②父の本国法上事実主義が採用されている旨の証明書
③その者が事件本人の父であると認めていることの証明書（父の申述書、父の署名がある出生証明書等）を提出する。

なお②については、その国の法律が事実主義を採用していることが先例等で明らかにされていれば、添付を省略してもよい（14頁《注意》3の①参照）。

追　完　届

令和3 年 9 月 22 日届出

富山市　　長殿

受理	令和3 年 9 月 22日	発送	年 月 日
第	5632 号		長印
送付	年 月 日		
第	号		
書類調査	戸籍記載 記載調査 附票	住民票	通知

	種　類	出生届	届出の年月日 令和3 年 6 月17日	基本届出事件の受付年月日及び受付番号 令和3 年 6 月17日 第 463 号
(一)				
(二) 追完を要する事件	届出人	甲野 妙子		
(三) 追完を要する届出事件 本人	氏　名	（よみかた）こうの　ゆき 甲野 由紀		
	生年月日	令和3 年 6 月 6 日	年 月 日	
(四)	住所及び世帯主氏名	富山市牛島新町11番7号　　甲野 妙子		
(五)	本　籍	富山市牛島新町11番		
	筆頭者氏名	甲野 妙子		

(六)	追完の事由	上記の出生届について、事件本人の父イヤガン、アルセニオの本国フィリピン共和国の法律は、父子関係につき、事実主義を採用しているが、届書にその旨の記載を遺漏したので、下記(七)欄のとおり追完する。
(七)	追完する事項	父の本国法は、事実主義を採用している。 父の氏名　イヤガン、アルセニオ 国籍　フィリピン共和国 生年月日　西暦1988年8 月 5 日
(八)	添附書類	父のパスポートの写し、父の申述書

(九) 届出人	住　所	(四)欄に同じ
	本　籍	(五)欄に同じ
	筆頭者氏名	〃
	届出人の資格及び署名（※押印は任意）	母 甲野 妙子 ㊞
	生年月日	平成4 年 1 月 30日　　年 月 日

連絡先　電話( ) 番　自宅・勤務先・呼出 方

届書を受領した日を記入する。

受附番号は、受理の日にかかわらず、受附帳の記載順に記入する。

届出時に住民登録をしているところを記入する。

届出時に在籍する戸籍を記入する。

父の氏名を記載する旨の追完の届出であるが、外国人を特定するものとして、氏名のほか国籍、生年月日を必要とするので本欄に記入する。

この届出は、戸籍法上の出生の届出資格を有する者に限られるので本件の場合は母が届出人となる。

外国人に関する追完届出の処理については、ひとくちメモ⑧（99頁）を参照。

○出生による国籍取得に関する各国法制一覧②

国名　エ～ケ（アイウエオ順）

〔凡例〕
1　※印を付した国は、最新の法令を調査中の国である。
2　「根拠法令」欄に「調査中」とあるのは、当該外国の国籍関係法令が不明なものである。
3　国名の配列は五十音順とした。なお、国名は正式名称により表記したが、必要に応じ略称等をカッコ書きで付記した。
4　生地主義……生地主義について○印を付した上、いわゆる条件付生地主義の場合は、カッコ書きで条件の主な内容を明示した。
　　（注）　いわゆる補充的生地主義については、これにより重国籍となる事例が乏しいため、記載を省略した。
5　血統主義……血統主義については、当該国内で出生した場合と当該国外で出生した場合とに分け、いわゆる父母両系主義は「両系」と、父系主義は「父系」とそれぞれ略記し、出生登録、居住等の条件が付されている場合は「両系」のように×印を肩書した。なお、条件の内容について確認できるものにつき表記した。

国　　名	生地主義	血統主義		根拠法令（制定及び改正年月日）及び条件等
		国内で出生	国外で出生	
エクアドル共和国	○		×両系	憲法（1978．8．10、1984．6．12改正）6条 出生子につき居住要件、意思表示等の条件がある。
エジプト・アラブ共和国（エジプト）		両系	両系	国籍法（1975、2004改正）2条
エチオピア連邦民主共和国		両系	両系	国籍法（1930．7．22）1条
エルサルバドル共和国	○		両系	憲法（1983．12．16）90条
オーストラリア連邦	○（父母の一方が市民権を有するか又は永住権者であること）		×両系	市民権法10条、10条B（1948、1994、2002．4．4改正） 国外で出生の場合、出生後25年以内に登録を要する。
オーストリア共和国		両系	両系	公民権法（1965．7．15、1998改正）7条、8条
オマーン国		父系	父系	国籍法（1983．1．12、1994．9．12改正）1条
オランダ王国	○（出生の時に父又は母がオランダに主たる居住地を有していた場合において、その父又は母が、その出生時にオランダに主たる居住地を有していた母から生まれた子）	両系	両系	国籍法（1985．1．1、1993．2．25改正）3条
ガイアナ協同共和国	○		×両系	憲法（1970、1980改正）43条、44条 父又は母が生地主義に基づくガイアナ市民であることを要する。
カタール国		父系	父系	国籍法（1961、1973改正）2条
※ガーナ共和国		両系	両系	国籍法（1971）1条
カナダ	○		両系	市民権法（1976．7．16、1993．2．1改正）3条
※カーボヴェルデ共和国				（調査中）
ガボン共和国	○（父母の一方がガボン人であること）		両系	国籍法（1962．3．2、1967．6．5改正）9条
カメルーン共和国	○（父母の一方がカメルーン生まれであること）	両系	両系	国籍法（1968．6．11）6条、7条、11条
※ガンビア共和国				（調査中）
カンボジア王国	○（合法的に居住していた父母から生まれた子）	両系	両系	国籍法（1996．8．20）4条
※ギニア共和国（ギニア）				（調査中）
ギニアビサウ共和国				（調査中）
※キプロス共和国		父系	×父系	市民権法（1967．7．28）4条 出生後2年以内に登録する必要がある。
※キューバ共和国	○		×両系	憲法（1976．2．24）29条 一定の手続等が必要とされる。
ギリシャ共和国		両系	両系	国籍法（1955．9．30、1984．5．8改正）1条
キリバス共和国	○（父がキリバス市民である等の場合は無条件、他は条件付）		父系	憲法（1980）25条
キルギス共和国		×両系	×両系	国籍法（2007．3．21、2011．7．13、2012．2．10、2012．3．17改正）12条 両親の国籍が異なり、仮に両親の一方がキルギス共和国の国籍を有している場合、子の出生地を問わず、両親からの書面（同意書）により、国籍が決定される。
グアテマラ共和国	○		両系	憲法（1986．1．14）144条
クウェート国		父系	父系	国籍法（1959、1982改正）2条
グレナダ	○		両系	憲法（1973）96条、97条
ケニア共和国		両系	両系	憲法（1963．12、1982．7改正）89条

認知届1　日本人男が韓国人女の嫡出でない子を認知する届を本籍地の市区町村長に届け出た場合

届書を受領した日を記入する。

届出により効力が発生するので、必ず記入する。

認知者・被認知者の氏名、生年月日を記入する。
本国の氏名が日本の正しい文字であるものについてはそのまま、そうでないものは片仮名を併記する。片仮名で表記した場合、本国文字は省略しても差し支えない（昭59・11・1民二5500号通達）。

住民登録をしているところを記入する。

届出時に在籍する認知者の戸籍を記入する。
被認知者外国人についてはその国籍を記入する。国名は略称でもよい（昭49・2・9民二988号回答）。

該当するところに「✓」印をつける。
①認知は、認知者の本国法又は被認知者の本国法のいずれも準拠法とすることができるので民法が準拠法となる場合がほとんどである。なお、被認知者が外国人であるときは、その者の本国法上の保護要件を満たす必要がある。
②被認知者が成年に達している場合は、その者の承諾の旨の記載【民法782条】、認知により嫡出となる場合は、その旨の記載をする。
③被認知者が外国人の場合は、「国籍証明書」「要件具備証明書」等の添付書類を記入する。

受附番号は、受理の日にかかわらず、受附帳の記載順に記入する。

母との続き柄を記入する。
被認知者が外国人であって母との続き柄が判明しないときは性別のみで差し支えない。

該当するところに「✓」印をつける。

被認知者と同一国籍でも母の国籍を記入する。

①届出人は認知者である。
②遺言による認知の場合は、遺言執行者である。

《添付書類》
①被認知者の国籍証明書
②出生証明書
③被認知者の本国法である韓国民法では、特に保護要件はないので、このまま受理できる。
④遺言による認知のときは、遺言の謄本

生後認知と出生による国籍取得については、ひとくちメモ⑩（100頁）を参照。

認知届

受理　令和3年9月22日　発送　年月日
第　892　号
送付　年月日　長印
第　号

令和3年9月22日届出

富山県下新川郡入善町　長殿

書類調査 戸籍記載 記載調査 附 票 住民票 通知

	認知される子	認知する父
（よみかた）	きん　じゅんじ	おつやま　とおる
氏名	金　淳二	乙山　徹
父母との続き柄	✓男　□女　長	
生年月日	西暦2019年5月28日	昭和60年2月10日
住所（住民登録をしているところ）	富山市牛島新町11番7号	富山県高岡市中川1丁目5番22号
（よみかた）	きん　けいこ	おつやま　とおる
世帯主の氏名	金　慶子	乙山　徹
本籍（外国人のときは国籍だけを書いてください）	韓国	富山県下新川郡入善町入善3255番地
筆頭者の氏名		乙山　徹

認知の種別　✓任意認知　□審判　年月日確定　□判決　年月日確定
□遺言認知（遺言執行者）　年月日就職

子の母
氏名　金　慶子　西暦1989年8月22日生
本籍　韓国　番地番
筆頭者の氏名

その他
✓未成年の子を認知する　□成年の子を認知する　□死亡した子を認知する　□胎児を認知する
子の出生届の写し、在留カードの写し
母の婚姻関係証明書及び訳文、
基本証明書及び訳文（又は旅券の写し）

平成　年月日　午前・午後　時　分受付
父　□免□旅□住　□その他　□無
不受理　□有　□無
通知　□要□不要
送付　平成　年月日　完成

届出人
✓父　□その他（　　　）
住所　富山県高岡市中川1丁目5番22号
本籍　富山県下新川郡入善町入善3255番地　筆頭者の氏名　乙山　徹
署名　乙山　徹　印　昭和60年2月10日生
（※押印は任意）

使者　□免□旅□住　□その他　□無

確認　通知

連絡先　電話（　）
自宅・勤務先[　]・携帯

認知届2　韓国人男が日本人女の嫡出でない子を認知する届を子の本籍地の市区町村長に届け出た場合（認知準正の場合）

届書を受領した日を記入する。

届出により効力が発生するので、必ず記入する。

母との続き柄を記入する。

該当するところに「✓」印をつける。
①認知は、認知者の本国法又は被認知者の本国法のいずれも準拠法とすることができるので民法が準拠法となる場合がほとんどである。なお、被認知者が日本人であるときは民法で要件を審査する。
②被認知者が成年に達している場合は、その者の承諾の旨の記載【民法782条】、認知により嫡出となる場合は、その旨の記載をする。
③被認知者が外国人の場合は、「国籍証明書」「要件具備証明書」等の添付書類を記入する。

外国人の署名は原則として本国文字で行う。
日本文字を常用している場合は、日本語による署名(本国名を日本語表記した場合に限る)でも差し支えない。

受附番号は、受理の日にかかわらず、受附帳の記載順に記入する。

認知者・被認知者の氏名、生年月日を記入する。
本国の氏名が日本の正しい文字であるものについてはそのまま、そうでないものは片仮名を併記する。片仮名で表記される本国文字は省略しても差し支えない（昭59・11・1民二5500号通達）。

住民登録をしているところを記入する。

被認知者が届出時に在籍する戸籍を記入する。
認知者外国人については国籍を有する国の国名を記入する。国名は略称でもよい（昭49・2・9民二988号回答）。

該当するところに「✓」印をつける。

《添付書類》
認知者の国籍証明書（パスポート等）

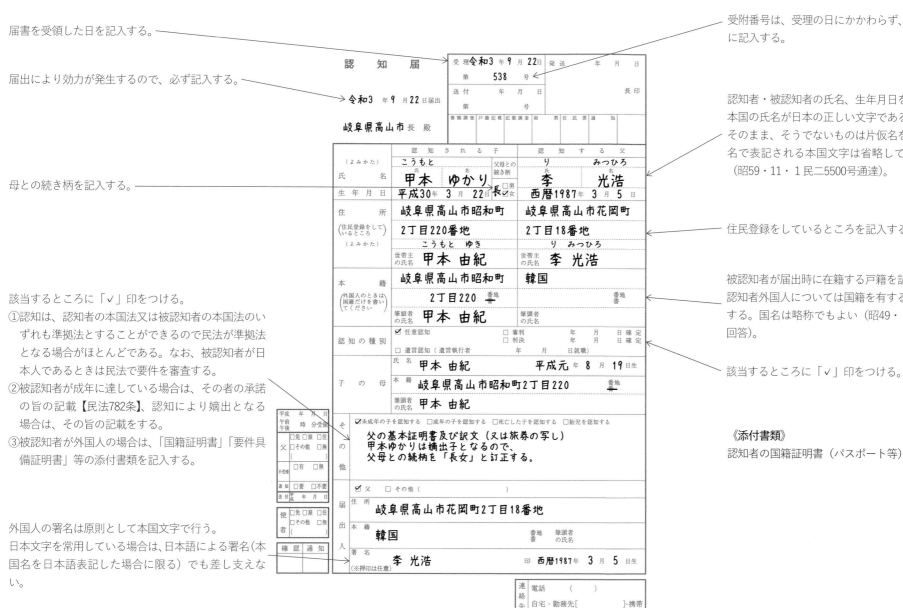

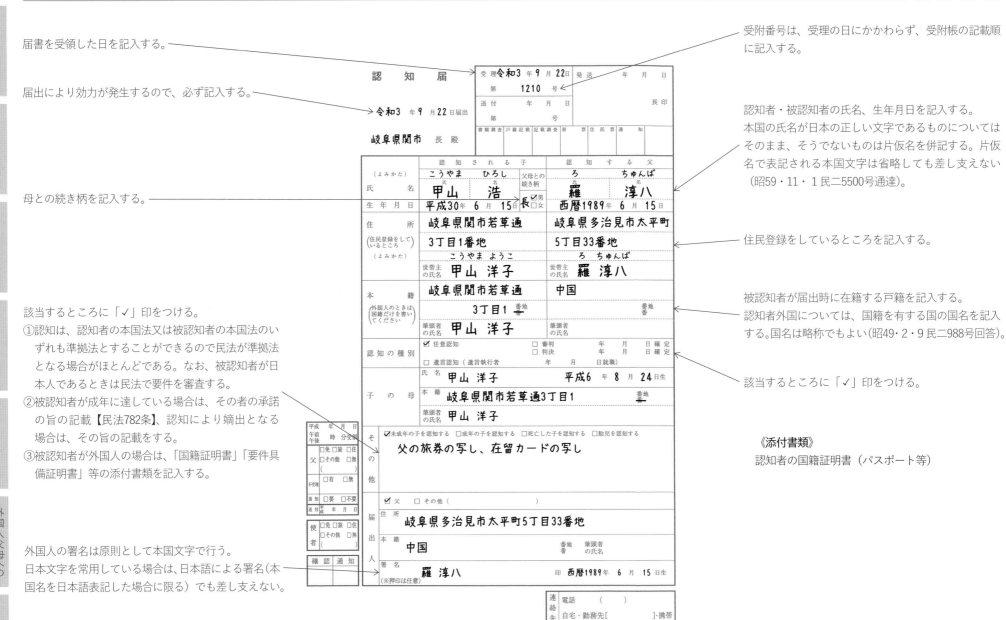

認知届 3　中国人（台湾籍）男が日本人女の嫡出でない子を認知する届を子の本籍地の市区町村長に届け出た場合

届書を受領した日を記入する。

受附番号は、受理の日にかかわらず、受附帳の記載順に記入する。

届出により効力が発生するので、必ず記入する。

認知者・被認知者の氏名、生年月日を記入する。
本国の氏名が日本の正しい文字であるものについてはそのまま、そうでないものは片仮名を併記する。片仮名で表記される本国文字は省略しても差し支えない（昭59・11・1民二5500号通達）。

母との続き柄を記入する。

住民登録をしているところを記入する。

被認知者が届出時に在籍する戸籍を記入する。
認知者外国については、国籍を有する国の国名を記入する。国名は略称でもよい（昭49・2・9民二988号回答）。

該当するところに「✓」印をつける。
①認知は、認知者の本国法又は被認知者の本国法のいずれも準拠法とすることができるので民法が準拠法となる場合がほとんどである。なお、被認知者が日本人であるときは民法で要件を審査する。
②被認知者が成年に達している場合は、その者の承諾の旨の記載【民法782条】、認知により嫡出となる場合は、その旨の記載をする。
③被認知者が外国人の場合は、「国籍証明書」「要件具備証明書」等の添付書類を記入する。

該当するところに「✓」印をつける。

《添付書類》
認知者の国籍証明書（パスポート等）

外国人の署名は原則として本国文字で行う。
日本文字を常用している場合は、日本語による署名（本国名を日本語表記した場合に限る）でも差し支えない。

認知届（記入例）

受理 令和3年9月22日　発送 　年　月　日
第　1210　号　　　　　　　　長印
送付　年　月　日
第　　　号
書類調査　戸籍記載　記載調査　附　票　住民票　通知

認　知　届

令和3年 9月 22日届出

岐阜県関市　長殿

	認知される子	認知する父
（よみかた）	こうやま　ひろし	ろ　ちゅんぱ
氏名	甲山　浩	羅　淳八
生年月日	平成30年 6月 15日　長　☑男 □女	西暦1989年 6月 15日
住所（住民登録をしているところ）	岐阜県関市若草通 3丁目1番地	岐阜県多治見市太平町 5丁目33番地
（よみかた）	こうやま ようこ	ろ ちゅんぱ
世帯主の氏名	甲山 洋子	羅 淳八
本籍（外国人のときは国籍だけを書いてください）	岐阜県関市若草通 3丁目1 番地	中国 番地番
筆頭者の氏名	甲山 洋子	
認知の種別	☑任意認知　□審判 年 月 日確定　□判決 年 月 日確定　□遺言認知（遺言執行者 年 月 日就職）	
子の母	氏名 甲山 洋子　平成6年 8月 24日生　本籍 岐阜県関市若草通3丁目1 番地　筆頭者の氏名 甲山 洋子	

父母との続き柄

	平成 年 月 日午前午後 時 分受領
父	□免 □旅 □住　□その他（ ）　□有 □無
不受理	□有 □無
通知	□要 □不要
送付 平成 年 月 日	
使者	□免 □旅 □住　□その他（ ）　□有 □無
確認　通知	

その他：
☑未成年の子を認知する　□成年の子を認知する　□死亡した子を認知する　□胎児を認知する
父の旅券の写し、在留カードの写し

届出人：
☑父　□その他（ ）
住所 岐阜県多治見市太平町5丁目33番地
本籍 中国　番地番　筆頭者の氏名
署名 羅 淳八　印　西暦1989年 6月 15日生
（※押印は任意）

連絡先 電話 （ ）　自宅・勤務先[ ]・携帯

認知届4　日本人男がフィリピン人女の嫡出でない子を認知する届を日本人男の本籍地の市区町村長に届け出た場合

届書を受領した日を記入する。

届出により効力が発生するので、必ず記入する。

認知者・被認知者の氏名、生年月日を記入する。
外国人の氏名は片仮名で、生年月日は西暦で記入する（注意参照）。
氏に相当する部分を氏欄に、名に相当する部分を名欄に記入する。

住民登録をしているところを記入する。

該当するところに「✓」印をつける。
①認知は、認知者の本国法又は被認知者の本国法のいずれも準拠法とすることができるので民法が準拠法となる場合がほとんどである。なお、本事例の被認知者の本国法（フィリピン家族法）は事実主義を採用しているので、民法により要件を審査する。
②被認知者が成年に達している場合は、その者の承諾の旨の記載【民法782条】、認知により嫡出となる場合は、その旨の記載をする。

①届出人は認知者である。
②遺言による認知の場合は、遺言執行者である。

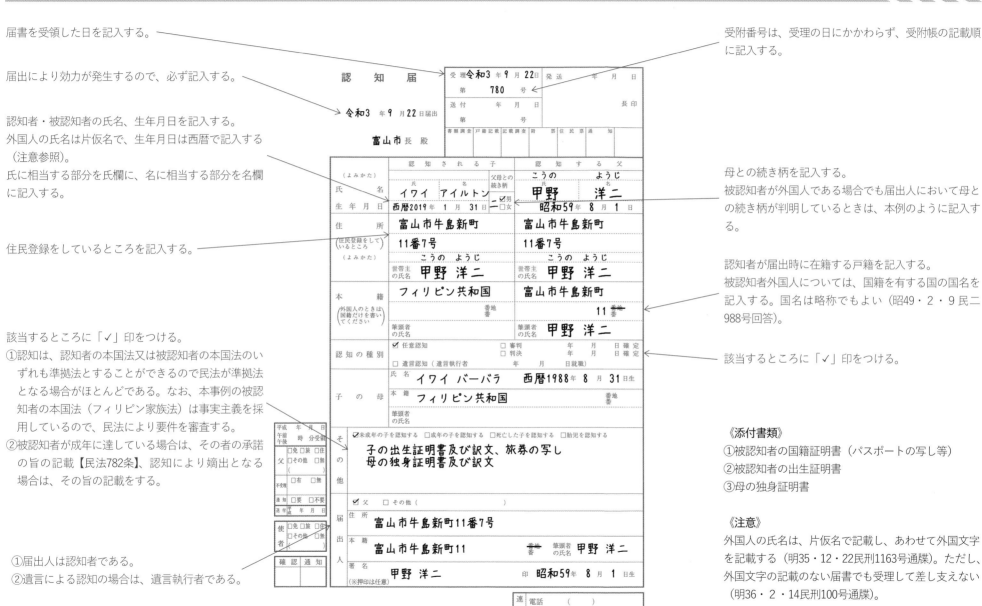

受附番号は、受理の日にかかわらず、受附帳の記載順に記入する。

母との続き柄を記入する。
被認知者が外国人である場合でも届出人において母との続き柄が判明しているときは、本例のように記入する。

認知者が届出時に在籍する戸籍を記入する。
被認知者外国人については、国籍を有する国の国名を記入する。国名は略称でもよい（昭49・2・9民二988号回答）。

該当するところに「✓」印をつける。

《添付書類》
①被認知者の国籍証明書（パスポートの写し等）
②被認知者の出生証明書
③母の独身証明書

《注意》
外国人の氏名は、片仮名で記載し、あわせて外国文字を記載する（明35・12・22民刑1163号通牒）。ただし、外国文字の記載のない届書でも受理して差し支えない（明36・2・14民刑100号通牒）。

| 認知届 5 | 日本人男がフィリピン人女の胎児を認知する届を同女の住所地の市区町村長に届け出た場合 |

届書を受領した日を記入する。

受附番号は、受理の日にかかわらず、受附帳の記載順に記入する。

届出により効力が発生するので、必ず記入する。

認知される子の氏名は「胎児」とし、住所、本籍は空欄とする。

胎児を認知する場合、母の住所地を記入し、母が認知を承諾する旨を記入し署名する【民法783条1項】。

①届出人は父である。
②遺言による認知の場合は、遺言執行者である。

該当するところに「✓」印をつける。

《添付書類》
①母の国籍証明書（パスポートの写し）
②母の独身証明書
③母の承諾書（その他欄に認知を承諾する旨記載し、署名すれば足りる）
④保護要件を満たしている旨の証明書（本例の場合は母の本国法（フィリピン家族法）が事実主義を採用していることから、認知に関する規定がないので保護要件はないものとして取り扱って差し支えない。）

渉外胎児認知届の取扱いについては、ひとくちメモ⑪（100頁）を参照。

認 知 届

受理 令和3年9月22日 第758号 発送 年月日
令和3年9月22日届出
富山市長 殿

認知される子 / 認知する父
氏名 胎児 / こうの よしお 甲野 義雄 平成11年8月22日
父母との続柄 □男 □女
住所 富山市牛島新町11番7号
世帯主の氏名 甲野 義雄
本籍 富山市牛島新町 11番 筆頭者 甲野 義雄

認知の種別 ☑任意認知 □審判 □判決 □遺言認知

子の母 氏名 ポサノ、ジョイマリー 西暦1998年7月1日生
本籍 フィリピン共和国

その他 □未成年の子を認知する □成年の子を認知する □死亡した子を認知する ☑胎児を認知する
この認知を承諾します。
（サイン）POSANO JOY MARIE
母の住所 富山県富山市新桜町7番38号
母の独身証明書及び訳文

届出人 ☑父 □その他
住所 富山市牛島新町11番7号
本籍 富山市牛島新町11 筆頭者の氏名 甲野 義雄
署名 甲野 義雄 平成11年8月22日生

連絡先 電話 自宅・勤務先・携帯

26

認知届6　日本人男が韓国人子を同国の方式により認知した旨の証書を本籍地の市区町村長に提出した場合

認知
縁組他
離縁他
婚姻他
離婚他
死亡
外国人父母への氏変
親権

届書を受領した日を記入する。

外国の方式により認知した場合は、その国に駐在する日本の大使、公使、領事に提出する【戸籍法41条1項】か、直接認知した父の本籍地に郵送する【同条2項】。若しくは帰国後に本籍地の市区町村に提出してもよい（昭5・6・19民事280号回答）。本事例は、帰国後に本籍地市長に提出した場合である。

認知者、被認知者の氏名、生年月日を記入する。
外国人の氏名については、中国人、朝鮮人等で本国において氏名を漢字で表記しているもの以外は、片仮名で記載し、あわせて外国文字を記載する（明35・12・22民刑1163号通牒）。
ただし、外国文字の記載のない届書でも受理して差し支えない（明36・2・14民刑100号通牒）。
氏に相当する部分を氏欄に、名に相当する部分を名欄に記入する。

該当するところに「✓」印をつける。
その他欄には、外国の方式により、認知が成立した旨及び、その証書を記入する。外国語で作成された証書には、その訳文を添付しなければならない【戸籍法施行規則63条】。

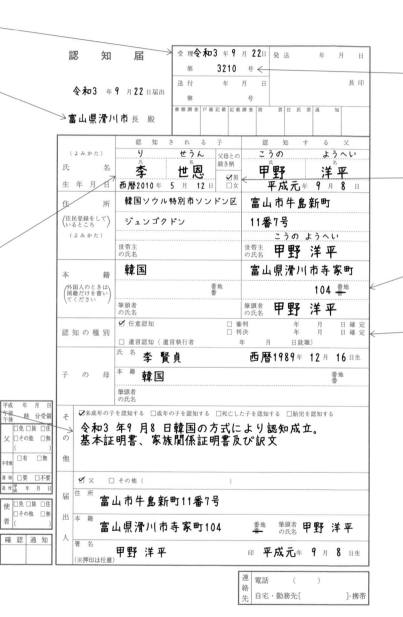

受附番号は、受理の日にかかわらず、受附帳の記載順に記入する。

母との続き柄を記入する。
被認知者が外国人であって母との続き柄が判明しない場合は性別のみで差し支えない。

日本人父については、届出時に在籍する戸籍を記入する。
被認知者外国人については、国籍を有する国の国名を記入する。国名は略称でもよい（昭49・2・9民二988号回答）。

該当するところに「✓」印をつける。

《添付書類》
韓国の方式により認知した旨の証明書（基本証明書、家族関係証明書）

生後認知と出生による国籍取得については、ひとくちメモ⑩（100頁）を参照。

認知届 7　オランダ国人父が日本人子を同国の方式により認知した旨の証書を子の母が本籍地の市区町村長に提出した場合

届書を受領した日を記入する。

外国の方式により成立しているので、報告的認知届として処理する。

認知者、被認知者の氏名、生年月日を記入する。
外国人の氏名は片仮名で、生年月日は西暦で記載する（注意参照）。
氏に相当する部分を氏欄に、名に相当する部分を名欄に記入する。

日本人子については、届出時に在籍する戸籍を記入する。
外国人父については、国籍を有する国の国名を記入する。国名は略称でもよい（昭49・2・9民二988号回答）。

認知された日本人が15歳未満であるので、その法定代理人からの届出である。

受附番号は、受理の日にかかわらず、受附帳の記載順に記入する。

母との続き柄を記入する。

所在国における住所を記入する（ひとくちメモ㉖（104頁）参照）。

該当するところに「✓」印をつける。

認 知 届

受理	令和3年 9月 22日	発送	年 月 日
第	3851 号		長印
送付	年 月 日		
第	号		

令和3 年 9 月 22日届出

| 書類調査 | 戸籍記載 | 記載調査 | 附 | 票 | 住民票 | 通 | 知 |

富山市長 殿

		認 知 さ れ る 子	認 知 す る 父
氏　名	（よみかた）	こうの　マリア	ハノン　ウルフガング アンドリュー
		甲野　マリア	父母との続き柄　□男　✓女　長	ハノン
生年月日		令和3 年 6 月 27 日	西暦1990 年 11 月 8 日
住　所	（住民登録をしているところ）（よみかた）	オランダ国アムステルダム市 ウエスタパーク40番地 こうの　ゆみ	オランダ国アムステルダム市 ウエスタパーク40番地
	世帯主の氏名	甲野　由美	世帯主の氏名
本　籍	外国人のときは国籍だけを書いてください	富山市牛島新町 11 番地	オランダ国 番地番
	筆頭者の氏名	甲野　由美	筆頭者の氏名
認知の種別		✓任意認知　□審判 年 月 日確定　□判決 年 月 日確定　□遺言認知（遺言執行者 年 月 日就職）	
子 の 母	氏名	甲野　由美　　昭和61 年 10 月 25 日生	
	本籍	富山市牛島新町11 番地	
	筆頭者の氏名	甲野　由美	

	その他	✓未成年の子を認知する　□成年の子を認知する　□死亡した子を認知する　□胎児を認知する
		令和3 年6 月29日オランダ国の方式により認知成立 認知証書及び同訳文、父のパスポートの写し
届出人		□父　✓その他（　　母　　）
	住所	オランダ国アムステルダム市ウエスタパーク40番地
	本籍	富山市牛島新町11 番地 筆頭者の氏名 甲野　由美
	署名 （※押印は任意）	甲野　由美　　印 昭和61 年 10 月 25 日生

平成 年 月 日受領 午前午後 時 分	
父	□免□旅□住　□その他 □無（　　）
不受理	□有 □無
通知	□要 □不要
送付 甲平成 年	
使者	□免□旅□住　□その他 □無（　　）
確認 通知	

| 連絡先 | 電話　（　　） 自宅・勤務先[　　]・携帯 |

《添付書類》
①オランダ国の方式により認知した旨の証明書
②認知者の国籍証明書（国籍の記載のある認知証明書等）

《注意》
中国人、朝鮮人等で本国において氏名を漢字で表記しているもの以外は、片仮名で記載し、あわせて外国文字を記載する（明35・12・22民刑1163号通牒）。
ただし、外国文字の記載のない届書でも受理して差し支えない（明36・2・14民刑100号通牒）。

この認知証明書は参考として掲載したものであり、記載例の内容とは合致しておりません。

【認知証明書（出生証明書）】

【訳　　文】

（訳文）

翻訳者：
〇〇〇〇

===

アムステルダム		ウエスターパーク区役所
オランダ王国	出生証明書	2006 年
		証第　1C0178　号

子
　　　氏　　　：コウノ
　　　名　　　：マリア
　　　生年月日　：平成 18 年 4 月 17 日
　　　出生時間　：10 時 20 分
　　　出生地　　：アムステルダム
　　　性　　　：女

- -

両親
　　　父の氏　　：ハノン
　　　父の名　　：ウルフガング・アンドリュー

　　　妻の氏　　：コウノ
　　　妻の名　　：ユミ
特記事項
　両親の特記事項
　　　父の出生地　：アムステルダム
　　　父の生年月日：1976 年 9 月 30 日

　　　母の出生地　：日本国富山市
　　　母の生年月日：昭和 46 年 11 月 17 日

届出人
　　　氏　　　：ハノン
　　　名　　　：ウルフガング・アンドリュー
　　　出生地　　：アムステルダム
　　　生年月日　：1976 年 9 月 30 日

官庁記載欄及び署名
　　　本件文書は出生・死亡・婚姻登録係官、Ｊ．Ｖ．〇〇〇により、2006 年 4 月 19 日アムステルダムにおいて作成された。

変更事項及び追記事項
　　　認知に係わる届出事項については次頁参照。

29

この認知証明書は参考として掲載したものであり、記載例の内容とは合致しておりません。

【認知証明書（出生証明書）】 　　　　　　　　　　　　　　　【訳　　文】

GEMEENTE AMSTERDAM　Stadsdeel ＿＿＿ WESTERPARK ＿
Burgerzaken

236

Vervolgblad ：　1
Ref. 1C0178/2006

LATERE VERMELDING BETREFFENDE ERKENNING KIND

Document　　　　　　： akte van erkenning
Nummer　　　　　　　： 0000
Opgemaakt te　　　　： Amsterdam
Op　　　　　　　　　： 25-01-2005
Door　　　　　　　　： de ambtenaar van de burgerlijke stand

Erkenner
Geslachtsnaam　　　　： ○○○
Voornamen　　　　　　： ○○○○
Plaats van geboorte　： Amsterdam
Dag van geboorte　　： 30-09-1976

Toestemming gegeven door ： moeder

Gekozen voor geslachtsnaam ： ○○○○

Opgemaakt te Amsterdam op 19-04-2005 door de ambtenaar van de
burgerlijke stand, J.V. ○○○○

Ruimte bestemd voor verantwoording legas

G 4242355 B

子の認知に係る追記事項
　　文書名　　　　　　：認知証明書
　　登録番号　　　　　：○○○○
　　文書作成地　　　　：アムステルダム
　　文書作成日　　　　：2006 年 4 月 19 日
　　文書作成担当係官　：出生・死亡・婚姻登録係官

子の認知者
　　氏　　　　　　　　：ハノン
　　名　　　　　　　　：ウルガング・アンドリュー
　　出生地　　　　　　：アムステルダム
　　生年月日　　　　　：1976 年 9 月 30 日

認知の許可者　　　　　：母

子の氏　　　　　　　　：ハノン

　本件文書は出生・死亡・婚姻登録係官、J．V．○○○により、2006 年 4 月 19 日アムステルダ
ムにおいて作成された。

　本件文書は 2 葉綴りの謄本は原本と相違ない。
　アムステルダム、2006 年 5 月 21 日

　　市公印

　　　（署名）

◯出生による国籍取得に関する各国法制一覧③

国名　コ〜ス（アイウエオ順）

〔凡例〕
1　※印を付した国は、最新の法令を調査中の国である。
2　「根拠法令」欄に「調査中」とあるのは、当該外国の国籍関係法令が不明なものである。
3　国名の配列は五十音順とした。なお、国名は正式名称により表記したが、必要に応じ略称等をカッコ書きで付記した。
4　生地主義……生地主義について◯印を付した上、いわゆる条件付生地主義の場合は、カッコ書きで条件の主な内容を明示した。
　　（注）　いわゆる補充的生地主義については、これにより重国籍となる事例が乏しいため、記載を省略した。
5　血統主義……血統主義については、当該国内で出生した場合と当該国外で出生した場合とに分け、いわゆる父母両系主義は「両系」と、父系主義は「父系」とそれぞれ略記し、出生登録、居住等の条件が付されている場合は「両系」のように×印を肩書した。なお、条件の内容について確認できるものにつき表記した。

国　　名	生地主義	血統主義		根拠法令(制定及び改正年月日)及び条件等
		国内で出生	国外で出生	
コスタリカ共和国	◯（外国人を両親としてコスタリカで出生した場合、未成年者はいずれかの親が、25歳前の者は本人の意思により登録すると取得する）	両系	×両系	憲法（1949. 11. 7、1995. 6. 6改正）13条 国外で出生した場合、未成年者はコスタリカ人たる父又は母が、25歳前の者は本人の意思により登録すると取得する。
※コートジボワール共和国		両系	両系	国籍法（1961. 12. 14、1972. 12. 21改正）6条、7条
※コモロ・イスラム連邦共和国		両系	両系	国籍法（1979. 12. 12）11条
コロンビア共和国	◯（父母の一方がコロンビア人又は国内に住所を有すること）	両系	×両系	憲法（1991. 7. 4改正）96条 出生後コロンビア国内に住所を有するに至ること。 国籍法（1993. 2. 1）1条
※コンゴ共和国		両系	両系	国籍法（1961. 6. 20）7条、8条、9条
※コンゴ民主共和国		両系	両系	国籍法（1981. 6. 29）5条
サウジアラビア王国		父系	父系	国籍令（1954. 9. 23）7条
※サモア独立国	◯		父系	市民権法（1972）4条、5条
サントメ・プリンシペ民主共和国			両系	憲法（1975. 12. 15）3条
ザンビア共和国		両系	両系	憲法（1996改正）5条

国名	生地主義	血統主義国内	血統主義国外	根拠法令
サンマリノ共和国		父系	父系	市民権法（1984. 3. 27）1条
※シエラレオネ共和国				（調査中）
※ジブチ共和国		両系	両系	国籍法（1981. 10. 24）8条
※ジャマイカ	◯		父系	憲法（1962）5条、6条
シリア・アラブ共和国（シリア）		父系	父系	国籍法（1969. 11. 24）3条
シンガポール共和国	◯（父母共に市民でない者は取得しない）	×	両系	憲法（1963、1980、2004改正、2004. 5. 15施行）121条、122条 出生後1年以内の登録条件や出生により外国籍を取得していない等の条件がある。
※ジンバブエ共和国	◯（父が市民でなく、かつ一時的在住者の子は取得しない）	×	父系	憲法（1976）5条、6条 父又は母が血統以外の市民であり、かつ、出生登録すること。
スイス連邦		×両系	×両系	国籍法（1952. 9. 29、1990. 3. 23最終改正）1条 母がスイス人夫との婚姻によりスイス国籍を取得した場合で、その母が外国人と婚姻して生まれた子は無国籍になるときを除き取得しない。(57条a)
スウェーデン王国		両系	×両系（スウェーデン人父と外国人母が婚姻していない場合は除く。）	市民権法（1950. 6. 22、2001. 7. 1最終改正）1条
スーダン共和国		父系	父系	国籍法（1957、1994. 5. 17改正）5条
スペイン	◯（両親が外国人の場合、少なくとも片親がスペイン領域内で出生した者）	両系	両系	民法（1889、1982、1990. 12. 17改正）17条
スリナム共和国		父系	父系	国籍及び在住権に関する法律（1975. 11. 24、1983. 10. 5改正）3条
スリランカ民主社会主義共和国		両系	×両系	市民権法（1948. 11. 15、1950、1955、2003. 3. 16改正）5条 スリランカ国籍の取得を希望する場合には、出生より1年以内（または法務大臣が定める延長期間以内）に出生の事実を出生地のスリランカ領事館、またはスリランカ法務省において登録しなければならない。
スロバキア共和国		両系	両系	スロヴァキア共和国市民権に関するスロヴァキア共和国評議会法（1993. 2. 15施行）5条

出生他

養子縁組

離縁他

婚姻他

離婚他

死亡

外国人父母への氏変

親権

養子縁組届1　日本人夫婦が韓国人の未成年者（15歳未満）を養子とする届を住所地の市区町村長に届け出た場合

届出地の市区町村で届書を受領した日を記入する。

送付を受けた市区町村で届書が送付されてきた日を記入する。

届出により効力が発生するので、必ず記入する【民法799条、同法739条】。

届出地は当事者の所在地又は日本人養親の本籍地である【戸籍法25条】。

養子（女）の氏名、生年月日を記入する。漢字を使用している国の外国人の氏名について、それが日本の正しい文字であるものについてはそのまま、そうでないものは片仮名を併記する。片仮名が併記される本国文字は省略しても差し支えない。氏に相当する部分を氏欄に、名に相当する部分を名欄に記入する。

住民登録をしているところを記入する。

縁組当事者が届出人となるが【戸籍法66条】、養子となる者が15歳未満（ただし、韓国人養子の場合は、13歳未満【韓国民法869条2項】）のときは縁組の承諾【民法797条】をする法定代理人（注意①参照）が届出人となる【戸籍法68条】。

外国人の署名は原則として本国文字で行う。日本文字を常用している場合は、日本語による署名（本国名を日本語表記した場合に限る）でも差し支えない。

届書を市区町村に発送するときに記入する。謄本を作成して送付するときは「これは謄本である」と付記し、職名を記入し職印を押印する【戸籍法施行規則67条、同規則12条2項、3項】。原本を送付し謄本を自庁で保管する場合であってもこの謄本証明をする。

受附番号は、受理の日（送付の日）にかかわらず、受附帳の記載順に記入する。

養子の国籍を有する国の国名を記入する。国名は略称でもよい（昭49・2・9民二988号回答）。

届出時の実父母の氏名を記入する。氏名の表記方法は養子欄と同様である。

外国人が日本人の養子となっても日本国籍を取得しないので記入不要。

住民登録をしているところを記入する。

国籍を有する国の国名を記入する。国名は略称でもよい（昭49・2・9民二988号回答）。

《注意①》
親子間の法律関係の準拠法は原則として子の本国法による【法の適用に関する通則法32条】ので【大韓民国民法909条1項、同法911条、同法938条1項】により親権を行使する父又は母若しくは後見人が法定代理人として届出をする。

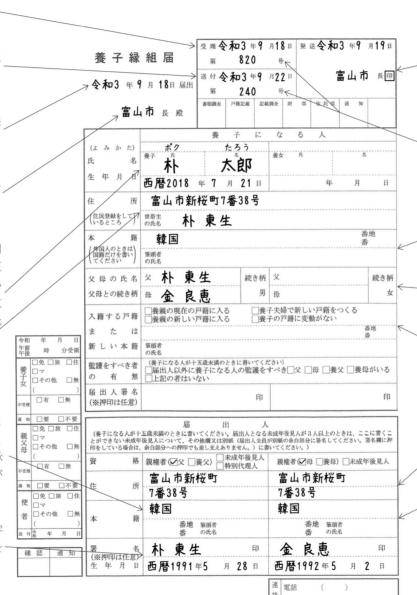

《その他注意事項》
縁組の成立要件は養親の本国法による【法の適用に関する通則法31条1項】ので、養親の本国法で要件を満たしているか審査する【民法792条～801条】。

《添付書類》
①家裁の養子縁組許可審判書の謄本【民法798条】
　養子の本国法である韓国民法は、未成年者（19歳未満）を養子縁組しようとする者は家庭法院の許可を得なければならない【大韓民国民法867条1項】としており、この規定は養子の保護要件となるので、日本の家裁の許可を要することになり、上記の許可書にその旨記載があれば、韓国の家庭法院の許可に代わるものとして差し支えない。
②養子の国籍証明書及び身分関係証明書（旅券の写し、韓国の家族関係証明書等）
③縁組につき養子の本国法が養子本人若しくは第三者の承諾若しくは同意又は公的機関の許可等を必要とするときはその書面（注意②参照）

《注意②》
養子の法定代理人が届出人となっているときは、【大韓民国民法869条2項】の縁組承諾があったものとして取扱い、養子が13歳以上の未成年者のときは、法定代理人の同意を得て、養子縁組を承諾する【大韓民国民法869条1項】。

本事例では夫婦共同縁組であることを要する【民法795条】。

届出時に住民登録をしているところを記入する。

届出時に在籍する戸籍を記入する。

国籍証明書等の添付書類を記入する。

証人の住民登録をしているところを記入する。

証人の本籍を記入する。外国人は国籍を有する国の国名を記入する。国名は略称でもよい（昭49・2・9民二988号回答）。

成年の証人2名を要する【民法799条、同法739条】。本国法で成年とされる外国人でも証人となれる。

養親になる人

	養父 氏	名	養母 氏	名
（よみかた）	こうの	ひでお	こうの	ようこ
氏　名	甲野	秀夫	甲野	陽子
生年月日	平成2年5月11日		平成2年10月8日	
住　所	富山市新総曲輪1番7号			
（住民登録をしているところ） 世帯主の氏名	（よみかた）こうの　ひでお　甲野 秀夫			
本　籍 外国人のときは国籍だけを書いてください 筆頭者の氏名	富山県砺波市苗加353　番地　甲野 秀夫			

その他
養子未成年につき家庭裁判所の許可書謄本
養子の基本証明書及び訳文（または旅券の写し）
養子の家族関係証明書

新しい本籍（養親になる人が戸籍の筆頭者およびその配偶者でないときは、ここに新しい本籍を書いてください）
　　　　　　　　　　　　　　　　　　　　　　　　　　　　番地番

届出人署名（※押印は任意）	養父 甲野 秀夫　印	養母 甲野 陽子　印

養父
□免 □旅 □住
□マ
□その他
不受理　□有　□無
通知　□要　□不要

養母
□免 □旅 □住
□マ
□その他
不受理　□有　□無
通知　□要　□不要

送付　令和　年　月　日

確認　通知

証人

署名（※押印は任意）	乙野 義太郎　印	丙川 次郎　印
生年月日	昭和45年7月25日	昭和35年10月22日
住所	富山市牛島新町11番7号	富山県魚津市本町1丁目3番2号
本籍	高岡市中川本町10番地番	富山県魚津市本町1丁目3番地番

出生他
養子縁組
離縁他
婚姻他
離婚他
死亡
外国人父母への氏変
親権

養子縁組届2　韓国人夫婦が日本人の未成年者（15歳未満）を養子とする届を養子の本籍地の市区町村長に届け出た場合

届出により効力が発生するので、必ず記入する【民法799条、同法739条】。

届出地は届出人の所在地又は事件本人の本籍地である【戸籍法25条】。

養子（女）の氏名、生年月日を記入する。

届出時に住民登録をしているところを記入する。

届出時に在籍する戸籍を記入する。

届出時の実父母の氏名を記入する。

外国人の養子となっても養子の戸籍には変動がない（特別養子を除く）。養子が外国人である養親の氏を称するには【戸籍法107条4項】の手続による。

縁組当事者が届出人となるが【戸籍法66条】、養子となる者が15歳未満のときは縁組の承諾【民法797条】をする法定代理人が届出人となる【戸籍法68条】。

届出地の市区町村で届書を受領した日を記入する。

受附番号は、受理の日にかかわらず、受附帳の記載順に記入する。

養子縁組届

令和3年9月22日届出

富山県高岡市　長殿

受理　令和3年9月22日　発送　年月日
第　736　号
送付　年月日　長印
第　号
書類調査　戸籍記載　記載調査　附票　住民票　通知

養子になる人

（よみかた）	こうの　しんいち		養女氏名
氏名	養子氏名　甲野　進一		
生年月日	平成19年8月28日		年月日
住所	富山県砺波市苗加353番地2		
（住民登録をしているところ）	世帯主の氏名　丙山　智子		
本籍	富山県高岡市中川本町10		番地番
（外国人のときは、国籍だけを書いてください）	筆頭者の氏名　甲野　裕二		
父母の氏名 父母との続き柄	父　甲野　裕二　続き柄　長男	父　続き柄　女	
	母　丙山　智子	母	

入籍する戸籍または新しい本籍
□養親の現在の戸籍に入る　□養子夫婦で新しい戸籍をつくる
□養親の新しい戸籍に入る　☑養子の戸籍に変動がない
番地番　筆頭者の氏名

監護をすべき者の有無（養子になる人が十五歳未満のときに書いてください）
□届出人以外に養子になる人の監護をすべき　□父　□母　□養父　□養母がいる
□上記の者はいない

届出人署名（※押印は任意）　印　印

	令和　年月日	
養子女	午前午後　時　分受領	
	□免□旅□住	
	□マ	
	□その他（）□無	
受理	□有□無	
通知	□要□不要	
親父母	□免□旅□住	
	□マ	
	□その他（）□無	
不受理	□有□無	
通知	□要□不要	
使者	□免□旅□住	
	□マ	
	□その他（）□無	
送付	年月日	
確認	通知	

届出人

（養子になる人が十五歳未満のときに書いてください。届出人となる未成年後見人が3人以上のときは、ここに書くことができない未成年後見人について、その他欄又は別紙（届出人全員が別紙の余白部分に署名してください。署名欄に押印をしている場合は、余白部分への押印でも差し支えありません。）に書いてください。）

資格	親権者（□父□養父）□未成年後見人 □特別代理人	親権者（☑母□養母）□未成年後見人
住所		富山県砺波市苗加353番地2
本籍		富山県砺波市苗加
	番地番　筆頭者の氏名	353番地　筆頭者の氏名　丙山智子
署名（※押印は任意）	印	丙山　智子　印
生年月日	年月日	昭和61年7月5日

連絡先　電話（　）
自宅・勤務先[　]・携帯

《その他注意事項》

縁組の成立要件は、養親の本国法による【法の適用に関する通則法31条1項】ので、養親の本国法で要件を満たしているか審査する。

韓国民法における縁組の要件【大韓民国民法866条～882条】

①縁組意思の合致があること（【大韓民国民法883条】で合意がないときは無効とされている）。

②養親となる者は、成年者であること【大韓民国民法866条】。

③尊属又は年長者は養子にできない【大韓民国民法877条】。

④未成年者（19歳未満）を養子とするときは、家庭法院の許可を得なければならない【大韓民国民法867条1項】。

⑤養子となる者が13歳以上の未成年者である場合は、法定代理人の同意を得て、縁組を承諾する【大韓民国民法869条1項】。

⑥養子となる者が13歳未満である場合は、法定代理人が縁組の承諾をする【大韓民国民法869条2項】。

⑦養子となる者が成年である場合は、父母の同意を得なければならない【大韓民国民法871条1項本文】。

⑧成年被後見人は、成年後見人の同意を得て、養子縁組をすることができる【大韓民国民法873条1項】。

⑨⑧の場合は、家庭法院の許可を得なければならない【大韓民国民法873条2項】。

⑩配偶者のある者は、配偶者と共同で養子縁組をしなければならない。配偶者のある者は、その配偶者の同意を得て、養子となることができる【大韓民国民法874条】。

出生他

養子縁組

離縁他

婚姻他

離婚他

死亡

外国人父母への氏変

親権

夫婦共同で縁組することを要する【大韓民国民法874条】。

養親の氏名、生年月日を記入する。漢字を使用している国の外国人の氏名について、それが日本の正しい文字であるものについてはそのまま、そうでないものは片仮名を併記する。片仮名が併記される本国文字は省略しても差し支えない。氏に相当する部分を氏欄に、名に相当する部分を名欄に記入する。

住民登録をしているところを記入する。

養親の国籍を有する国の国名を記入する。国名は略称でもよい（昭49・2・9民二988号回答）。

外国人の署名は原則として本国文字で行う。日本文字を常用している場合は、日本語による署名（本国名を日本語表記した場合に限る）でも差し支えない。

証人の住民登録をしているところを記入する。

証人の本籍を記入する。外国人は国籍を有する国の国名を記入する。国名は略称でもよい（昭49・2・9民二988号回答）。

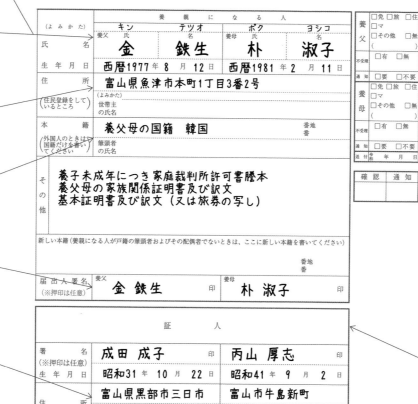

《添付書類》
①家裁の養子縁組許可審判書の謄本【民法798条】
　縁組の準拠法は、養親の本国法であり【法の適用に関する通則法31条1項】、養親の本国法である韓国民法は、未成年者（19歳未満）を養子縁組しようとする者は家庭法院の許可を得なければならない【大韓民国民法867条1項】としている。また、養子の本国法に養子本人若しくは第三者の承諾・同意・その他公的機関の許可を必要とするときは、その要件も備えること【法の適用に関する通則法31条1項後段】とされているので、日本人の養子につき家庭裁判所の許可を要する。
②養親の国籍証明書及び養親の身分関係証明書（旅券の写し、家族関係証明書等）

成年の証人2名を要する【民法799条、同法739条】。本国法で成年とされる外国人でも証人となれる。

出生他
養子縁組
離縁他
婚姻他
離婚他
死亡
外国人父母への氏変
親権

養子縁組届3　日本人男が中国人女（台湾籍）を養子とする届を本籍地の市区町村長に届け出た場合

届出により効力が発生するので、必ず記入する【民法799条、同法739条】。

届出地は当事者の所在地又は日本人養親の本籍地である【戸籍法25条】。

養女の氏名、生年月日を記入する。本国戸籍の氏名が日本の正しい文字であるものについてはそのまま、そうでないものは片仮名を併記する。片仮名が併記される本国文字は省略しても差し支えない。氏に相当する部分を氏欄に、名に相当する部分を名欄に記入する。

住民登録をしているところを記入する。

台湾籍を有する中国人の国籍は「中国」と記入する（昭39・6・19民事甲2097号通達・同日民二発213号第二課長通知）。

届出地の市区町村で届書を受領した日を記入する。

受附番号は、受理の日にかかわらず、受附帳の記載順に記入する。

届出時の実父母の氏名を記入する。本国戸籍の氏名が日本の正しい文字であるものについてはそのまま、そうでないものは片仮名を併記する。片仮名が併記される本国文字は省略しても差し支えない。氏、名の順で記入する。

外国人が日本人の養子となっても日本国籍を取得しないので記入不要。

養子は成年に達しているので自らが届出人となる【戸籍法66条】。

外国人の署名は原則として本国文字で行う。
日本文字を常用している場合は日本語による署名（本国名を日本語表記した場合に限る）でも差し支えない。

養子縁組届

令和3 年 9 月 22日 届出

富山市 長 殿

受理 令和3 年 9 月 22日 < 発送 年 月 日
第 6520 号
送付 年 月 日　　　　　長印
第 号

審査調査	戸籍記載	記載調査	附	住民票	通知

養子になる人

（よみかた）		キン	ヨシコ	
氏　名	養子 氏　名	養女 氏 金	名 淑子	
生年月日	年 月 日	西暦1998 年 11 月 16 日		
住　所（住民登録をしているところ）	富山市牛島新町11番7号			
	世帯主の氏名 金 淑子			
本　籍（外国人のときは国籍だけを書いてください）	中国		番地 番	
	筆頭者の氏名			
父母の氏名 父母との続き柄	父 母	続き柄 男	父 金他官 母 羅春恵	続き柄 女
入籍する戸籍または新しい本籍	□養親の現在の戸籍に入る　□養親夫婦で新しい戸籍をつくる □養親の新しい戸籍に入る　□養子の戸籍に変動がない			
	筆頭者の氏名		番地 番	
監護をすべき者の有無	（養子になる人が十五歳未満のときに書いてください） □届出人以外に養子になる人の監護をすべき□父 □母 □養父 □養母がいる □上記の者はいない			
届出人署名（※押印は任意）	印 金 淑子 印			

令和 年 月 日
午前 午後 時 分受領

養子女
不受理
□免 □旅 □住
□マ
□その他（ ）
□有 □無

通知 □要 □不要

親父母
不受理
□免 □旅 □住
□マ
□その他（ ）
□有 □無

通知 □要 □不要

使者
□免 □旅 □住
□マ
□その他（ ）
付 年 月 日

確認 通知

届出人

（養子になる人が十五歳未満のときに書いてください。届出人となる未成年後見人が3人以上のときは、ここに書くことができない未成年後見人について、その他欄又は別紙（届出人全員が別紙の余白部分に署名してください。署名欄に押印をしている場合は、余白部分への押印でも差し支えありません。）に書いてください。）

資　格	親権者（□父 □養父） □未成年後見人 □特別代理人	親権者（□母 □養母） □未成年後見人
住　所		
本　籍	番地 番 筆頭者の氏名	番地 番 筆頭者の氏名
署　名（※押印は任意）	印	印
生年月日	年 月 日	年 月 日

連絡先 電話 （ ）
自宅・勤務先[ ]・携帯

出生他

養子縁組

離縁他

婚姻他

離婚他

死亡

外国人父母への氏変

親権

《その他注意事項》
養子縁組の準拠法は養親の本国法であるので民法の要件を満たしているか審査する【民法792条〜801条】。養子の本国法上の保護要件を満たしているか審査する（下記添付書類③参照）。

《添付書類》
①養子の国籍証明書（護照の写し等）
②身分関係証明書（台湾戸籍）
③養子の保護要件を満たしていることの証明書
　養子（成年者である場合も含む）について台湾法の許可が必要であり【中華民国民法1079条】、日本の家庭裁判所において法院の認可に代えて許可審判を行うことができる。
　ただし、台湾において法院の認可を得ている場合は、行為地である台湾の方式により養子縁組が成立しているので、報告的届出となる。

届出時に住民登録をしているところを記入する。

届出時に在籍する戸籍を記入する。

養親となるものに配偶者がいる場合はこの縁組に同意する旨の記載・署名をその他欄にする。添付書類を記入する。

証人の住民登録をしているところを記入する。

証人の本籍を記入する。外国人は国籍を有する国の国名を記入する。国名は略称でもよい（昭49・2・9民二988号回答）。

成年の証人2名を要する【民法799条、同法739条】。本国法で成年とされる外国人でも証人となれる。

	養親になる人			
（よみかた）	こうやま　　たろう		養母　氏　　　　名	
氏　名	養父　氏　　　　名 甲山　太郎			
生年月日	昭和38年6月15日		年　月　日	
住　所	富山市新総曲輪1番7号			
（住民登録をしているところ）世帯主の氏名	（よみかた）こうやま　たろう 甲山　太郎			
本　籍（外国人のときは国籍だけを書いてください）筆頭者の氏名	富山市新総曲輪1 甲山　太郎		番地番	
その他	養子の護照の写し 〃 の台湾戸籍及び訳文 家庭裁判所の許可の審判書			

養父：□免 □旅 □住 □マ □その他 □無 不受理：□有 □無 通知：□要 □不要

養母：□免 □旅 □住 □マ □その他 □無 不受理：□有 □無 通知：□要 □不要 添付　令和　年　月　日

確認	通知

新しい本籍（養親になる人が戸籍の筆頭者およびその配偶者でないときは、ここに新しい本籍を書いてください）　　　番地番

届出人署名（※押印は任意）	養父 甲山　太郎　印	養母　印

	証　人	
署　名（※押印は任意）	乙野　徳夫　印	丙川　良子　印
生年月日	昭和34年8月28日	昭和42年5月21日
住　所	富山県氷見市鞍川 1060番地	富山市新桜町 7番38号
本　籍	富山県氷見市鞍川 1060番地	富山市新桜町 7番

養子縁組届4　日本人夫がフィリピン人妻の嫡出でない子（15歳未満）を養子とする届を住所地の市区町村長に届け出た場合

届出地の市区町村で届書を受領した日を記入する。

送付を受けた市区町村で届書が送付されてきた日を記入する。

届出により効力が発生するので、必ず記入する【民法799条、同法739条】。

届出地は当事者の所在地又は日本人養親の本籍地である【戸籍法25条】。

養子の氏名、生年月日を記入する。外国人の氏名は片仮名で、生年月日は西暦で記入する（注意①参照）。氏に相当する部分を氏欄に、名に相当する部分を名欄に記入する。

住民登録をしているところを記入する。

養子の国籍を有する国の国名を記入する。国名は略称でもよい（昭49・2・9民二988号回答）。

住民登録をしているところを記入する。

国籍を有する国の国名を記入する。国名は略称でもよい（昭49・2・9民二988号回答）。

外国人の署名（サイン）は原則として本国文字で行う。イニシャル等記号のような署名（サイン）の場合は、フルネームを併記させる。

届書を市区町村に発送するときに記入する。謄本を作成して送付するときは「これは謄本である」と付記し、職名を記入し職印を押印する【戸籍法施行規則67条、同規則12条2項、3項】。
原本を送付し謄本を自庁で保管する場合であってもこの謄本証明をする。

受附番号は、受理の日（送付の日）にかかわらず、受附帳の記載順に記入する。

届出時の実父母の氏名を記入する（注意②参照）。氏名の表記方法は養子欄と同様であるが、氏に相当する部分を先に、名に相当する部分を後にし、氏と名の間に「、」を入れる。

外国人が日本人の養子となっても日本国籍を取得しないので記入不要。

縁組当事者が届出人となるが【戸籍法66条】、養子となる者が15歳未満のときは、縁組の承諾【民法797条】をする法定代理人が届出人となる【戸籍法68条】。フィリピン民法では嫡出でない子の親権者は母とされているので、母が届出人として署名しているときは、子の法定代理人からの届出として取り扱って差し支えない。

《注意①》
中国人、朝鮮人等で本国において氏名を漢字で表記しているもの以外は、片仮名で記載し、あわせて外国文字を記載する（明35・12・22民刑1163号通牒）。
ただし、外国文字の記載のない届書でも受理して差し支えない（明36・2・14民刑100号通牒）。

養子縁組届

受理 令和3年9月17日 第1580号	発送 令和3年9月18日
送付 令和3年9月22日 第780号	富山市 長印

令和3年9月17日届出

富山市 長殿

書類調査	戸籍記載	記載調査	附票	住民票	通知

養子になる人

（よみかた） 氏名 生年月日	養子 ヴェラスコビダル　ジュン　西暦2013年12月27日	養女 氏　名　　　　　年月日
住所 （住民登録をしているところ）	富山市新桜町7番38号　世帯主の氏名 甲野 哲夫	
本籍 （外国人のときは国籍だけを書いてください） 筆頭者の氏名	フィリピン共和国	番地番
父母の氏名 父母との続き柄	父　　　　　　　　続き柄　長男　母 ビダル甲野、バーバラ	父　　続き柄　女　母

入籍する戸籍または新しい本籍　□養親の現在の戸籍に入る　□養親の新しい戸籍に入る　□養子夫婦で新しい戸籍をつくる　□養子の戸籍に変動がない　筆頭者の氏名　番地番

監護をすべき者の有無（養子になる人が十五歳未満のときに書いてください）□届出人以外に養子になる人の監護をすべき□父□母□養父□養母がいる　□上記の者はいない

届出人署名（※押印は任意）　印　印

届出人

（養子になる人が十五歳未満のときに書いてください。届出人となる未成年後見人が3人以上のときは、ここに書くことができない未成年後見人について、その他欄又は別紙（届出人全員が別紙の余白部分に署名してください。署名欄に押印をしている場合は、余白部分への押印でも差し支えありません。）に書いてください。）

資格	親権者（□父□養父）☑母□養母　□特別代理人　□未成年後見人
住所	富山市新桜町7番38号
本籍	フィリピン共和国　番地番　筆頭者の氏名
署名（※押印は任意）生年月日	Barbara P.Kouno 印　西暦1990年10月12日

連絡先　電話（　）自宅・勤務先［　　］・携帯

令和　年　月　日　午前午後　時　分受付
養子女　□免□旅□住　□マ　□その他（　）□無　不受理　□有□無　通知　□要□不要
親父母　□免□旅□住　□マ　□その他（　）□無　不受理　□有□無　通知　□要□不要
使者　□免□旅□住　□マ　□その他（　）□無　送付　年月日
確認　通知

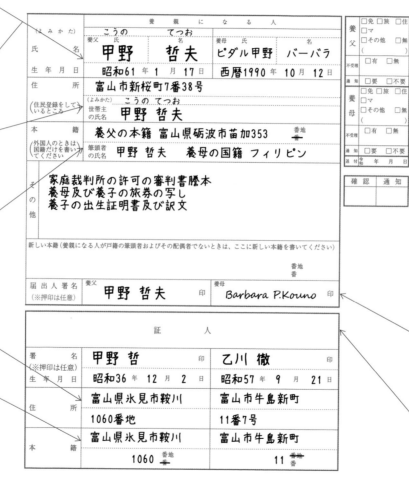

養子は妻の嫡出でない子なので、民法により、夫婦共同縁組であることを要する【民法795条】。ただし、外国人配偶者の本国法で直系卑属との縁組等が禁止されているときは、単独縁組でもよい。

養親の氏名、生年月日を記入する。外国人の氏名は片仮名で、生年月日は西暦で記入する。氏に相当する部分を氏欄に、名に相当する部分を名欄に記入する。

住民登録をしているところを記入する。

届出時に在籍する戸籍を記入する。外国人養親はその国籍国の国名を記入する。国名は略称でもよい（注意③参照）。

証人の住民登録をしているところを記入する。

証人の本籍を記入する。外国人は国籍を有する国の国名を記入する。国名は略称でもよい（昭49・2・9民二988号回答）。

《注意②》
フィリピン国は親子関係につき事実主義を採用しているので、嫡出でない子の出生登録証明書に父の記載がありその裏面に父の署名がある場合は、その者を子の父として記載して差し支えない。

《注意③》
フィリピン等多くの国では裁判所による決定で養子縁組を成立させる方式をとっており、そのような国の本国法により養子縁組が行われるときは、日本の裁判所においても縁組決定を行うことができ、決定の審判があったときは外国人養親との縁組は報告的届出となる。外国人養親の本国法が夫婦共同縁組を規定しているときは一方のみについて成立の審判をすることができないので、許可の審判をなし日本人養親とともに創設的夫婦共同縁組の届出となる取扱いである。
本事例における縁組はフィリピン人養親について縁組決定ができる事案もあるが、日本人養親とともに縁組許可の審判を受けたので夫婦共同縁組として届出するものである。
なお、フィリピン人配偶者の嫡出子を単独で養子とする場合であっても養子の保護要件としての裁判の許可は必要である。

外国人の署名（サイン）は原則として本国文字で行う。イニシャル等記号のような署名（サイン）の場合は、フルネームを併記させる。

成年の証人2名を要する【民法799条、同法739条】。本国法で成年とされる外国人も証人となれる。

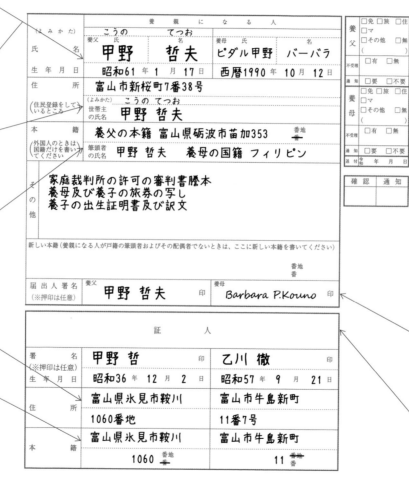

養子縁組届5

日本人夫がブラジル人妻の嫡出子（15歳未満）を養子とする届を本籍地の市区町村長に届け出た場合

届出により効力が発生するので、必ず記入する【民法799条、同法739条】。

届出地は当事者の所在地又は日本人養親の本籍地である【戸籍法25条】。

養子の氏名、生年月日を記入する。外国人の氏名は片仮名で、生年月日は西暦で記入する（注意参照）。氏に相当する部分を氏欄に、名に相当する部分を名欄に記入する。

住民登録をしているところを記入する。

届出人の有する国籍国の国名を記入する。国名は略称でもよい（昭49・2・9民二988号回答）。

外国人の署名（サイン）は原則として本国文字で行う。イニシャル等記号のような署名（サイン）の場合は、フルネームを併記させる。

届出地の市区町村で届書を受領した日を記入する。

受附番号は、受理の日にかかわらず、受附帳の記載順に記入する。

養子の有する国籍国の国名を記入する。国名は略称でもよい（昭49・2・9民二988号回答）。

届出時の実父母の氏名を記入する。氏名の表記方法は養子欄と同様であるが、氏に相当する部分を先に、名に相当する部分を後にし、氏と名の間に「、」を入れる。

外国人が日本人の養子となっても日本国籍を取得しないので記入不要。

縁組当事者が届出人となるが【戸籍法66条】、養子となる者が15歳未満のときは縁組の承諾【民法797条】をする法定代理人が届出人となる【戸籍法68条】。

《注意》
中国人、朝鮮人等で本国において氏名を漢字で表記しているもの以外は、片仮名で記載し、あわせて外国文字を記載する（明35・12・22民刑1163号通牒）。
ただし、外国文字の記載のない届書でも受理して差し支えない（明36・2・14民刑100号通牒）。

養子縁組届

令和3 年 9 月 17日 届出

富山市 長 殿

受理 令和3年9月17日　発送　年　月　日
第　4750　号
送付　年　月　日　　長印
第　　号

番類調査	戸籍記載	記載調査	附票	住民票	通知

養子になる人

	養子 氏 名	養女 氏 名
（よみかた） 氏 名	イノウエ ジュン	
生年月日	西暦2013 年 12 月 27 日	年 月 日
住 所（住民登録をしているところ）	富山市新桜町7番38号 世帯主の氏名 甲野 徹	
本 籍（外国人のときは国籍だけを書いてください）	ブラジル 筆頭者の氏名	番地 番

父母の氏名 父母との続き柄	父 アルメーダ、エンリコ 母 イノウエ、ヨシコ	続き柄 長 男	父 母	続き柄 女

入籍する戸籍または新しい本籍
□養親の現在の戸籍に入る　□養親の新しい戸籍に入る　□養子夫婦で新しい戸籍をつくる　□養子の戸籍に変動がない
番地 番　筆頭者の氏名

監護をすべき者の有無（養子になる人が十五歳未満のときに書いてください）
□届出人以外に養子になる人の監護をすべき□父 □母 □養父 □養母がいる
☑上記の者はいない

届出人署名（※押印は任意）　　　印　　　　　　印

令和 年 月 日 午前/午後 時 分受付

	受理	通知
養子女	□免 □旅 □住 □マ □その他（ ）	□有 □無
親父母	□免 □旅 □住 □マ □その他（ ）	□要 □不要
使者	□免 □旅 □住 □マ □その他（ ）	□要 □不要
送付 令和 年 月 日		
確認	通知	

届出人

（養子になる人が十五歳未満のときに書いてください。届出人となる未成年後見人が3人以上のときは、ここに書くことができない未成年後見人について、その他欄又は別紙（届出人全員が別紙の余白部分に署名してください。署名欄に押印をしている場合は、余白部分への押印でも差し支えありません。）に書いてください。）

資 格	親権者（□父 □養父） ☑未成年後見人 □特別代理人	親権者（☑母 □養母）□未成年後見人
住 所		富山市新桜町 7番38号
本 籍	番地 番 筆頭者の氏名	ブラジル 番地 番 筆頭者の氏名
署 名（※押印は任意）	印	Yoshiko Inoue 印
生年月日	年 月 日	西暦1979 年 8 月 21 日

連絡先 電話（ ） 自宅・勤務先[ ]・携帯

40

出生他

離縁他

婚姻他

離婚他

死亡

外国人父母への氏変

親権

単独縁組となる【民法795条ただし書】
（ひとくちメモ⑫（100頁））を参照。

届出時に住民登録をしているところを記入する。

届出時に在籍する戸籍を記入する。

《添付書類》
①養子の国籍証明書（旅券の写し。実母の旅券に併記
　されているときは、その旅券の写し）
②子の法定代理人であることを証する書面

養親につき配偶者の同意【民法796条】を、養子につき、
監護者の同意【ブラジル児童青少年法45条】を必要
とするので、その他欄に記入する。

養親になる人			
（よみかた）	こうの	とおる	
氏名	養父 氏 甲野	名 徹	養母 氏　　名
生年月日	昭和54年8月21日		年　月　日
住所	富山市新桜町7番38号		
（住民登録をしているところ）	（よみかた）こうの とおる 世帯主の氏名 甲野 徹		
本籍	富山市新総曲輪1		番地 番
（外国人のときは国籍だけを書いてください）	筆頭者の氏名 甲野 徹		

養
父
□免 □旅 □住
□マ
□その他 □無
（　　　）
不受理 □有 □無
通知 □要 □不要

養
母
□免 □旅 □住
□マ
□その他 □無
（　　　）
不受理 □有 □無
通知 □要 □不要

送付 令和 年 月 日

確認　通知

その他
養子は配偶者イノウエ・ヨシコの嫡出子である。
この縁組に同意する。
養子の監護者及び養父の妻　Yoshiko Inoue.
養子の旅券の写し

新しい本籍（養親になる人が戸籍の筆頭者およびその配偶者でないときは、ここに新しい本籍を書いてください）
番地 番

| 届出人署名（※押印は任意） | 養父 甲野 徹　印 | 養母　　　　　印 |

証人の住民登録をしているところを記入する。

証人の本籍を記入する。外国人は国籍を有する国の国
名を記入する。国名は略称でもよい（昭49・2・9
民二988号回答）。

成年の証人2名を要する【民法799条、同法739条】。
証人は成年の外国人でもよい。

証人		
署名（※押印は任意）	富山 太郎　印	高岡 次郎　印
生年月日	昭和51年7月20日	昭和36年4月17日
住所	富山市奥田新町 3番1号	富山市牛島新町 11番7号
本籍	富山市奥田新町 3番	富山市牛島新町 11番

41

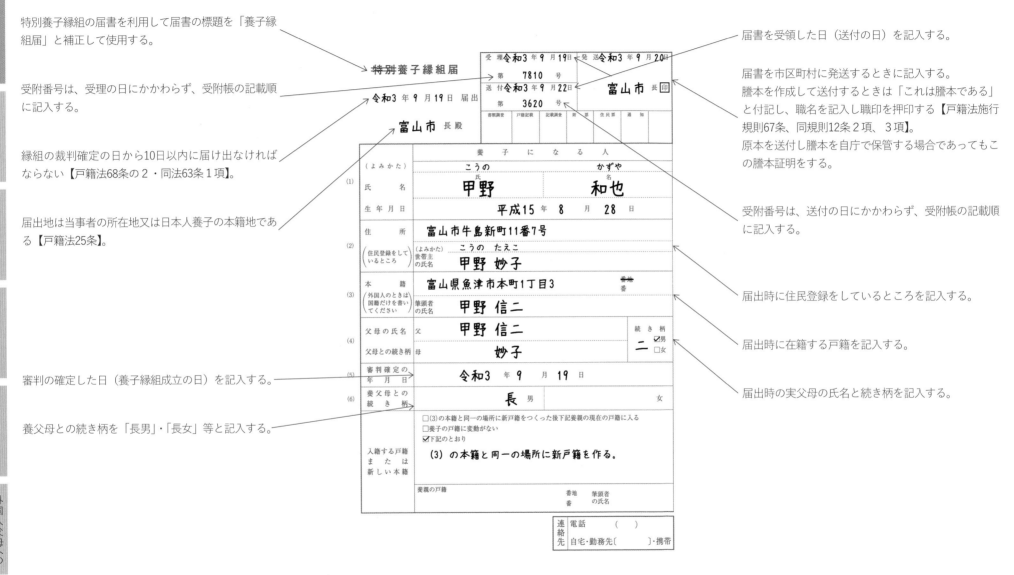

出生他
養子縁組
離縁他
婚姻他
離婚他
死亡
外国人父母への氏変
親権

養子縁組届6　外国人夫婦が日本人を養子とする縁組で、かつ、実方との親族関係が終了する縁組の裁判が確定し、その届出が住所地の市区町村長にあった場合

特別養子縁組の届書を利用して届書の標題を「養子縁組届」と補正して使用する。

受附番号は、受理の日にかかわらず、受附帳の記載順に記入する。

縁組の裁判確定の日から10日以内に届け出なければならない【戸籍法68条の2・同法63条1項】。

届出地は当事者の所在地又は日本人養子の本籍地である【戸籍法25条】。

審判の確定した日（養子縁組成立の日）を記入する。

養父母との続き柄を「長男」・「長女」等と記入する。

届書を受領した日（送付の日）を記入する。

届書を市区町村に発送するときに記入する。謄本を作成して送付するときは「これは謄本である」と付記し、職名を記入し職印を押印する【戸籍法施行規則67条、同規則12条2項、3項】。原本を送付し謄本を自庁で保管する場合であってもこの謄本証明をする。

受附番号は、送付の日にかかわらず、受附帳の記載順に記入する。

届出時に住民登録をしているところを記入する。

届出時に在籍する戸籍を記入する。

届出時の実父母の氏名と続き柄を記入する。

出生他

養子縁組

離縁他

婚姻他

離婚他

死亡

外国人父母への氏変

親権

養親の氏名、生年月日を記入する。外国人の氏名は片仮名で、生年月日は西暦で記入する（注意参照）。氏に相当する部分を氏欄に、名に相当する部分を名欄に記入する。

住民登録をしているところを記入する。

養親の有する国籍国の国名を記入する。国名は略称でもよい（昭49・2・9民二988号回答）。

届出人は審判を申し立てた養父母である【戸籍法68条の2】が、どちらか一方からの届出でもよい。
外国人の署名（サイン）は原則として本国文字で行う。イニシャル等記号のような署名（サイン）の場合は、フルネームを併記させる。

養 親 に な る 人				
（よみかた）				
氏　　名	養父　氏 コウノ	名 イチロウ	養母　氏 コウノ	名 ハルコ
生 年 月 日	西暦1966年 8 月 20 日		西暦1970年 6 月 17 日	
住　　所	富山市新総曲輪1番7号			
（よみかた）世帯主の氏名 住民登録をしているところ				
本　　籍 外国人のときは国籍だけを書いてください	養父母の国籍 アメリカ合衆国		番地番	
筆頭者の氏名				
そ の 他	審判書謄本、同確定証明書 養父母の旅券の写し この縁組により養子とその実方の血族との 親族関係が終了する			
届出人署名 （※押印は任意）	養父 Ichirou Kohno　印		養母 Haruko Kohno　印	

《実方との親族関係が終了する縁組》

外国法を準拠法とする養子縁組であって、養子とその実方の血族との親族関係が終了する（「断絶型養子縁組」という。養親の本国法が養子縁組の効果として、養子とその実方の血族との親族関係が終了する法制「断絶型の法制」を取っている場合には、養子縁組の成立に伴い、養子の実方の血族との親族関係が終了することになる）場合の取扱い（平6・4・28民二2996号通達）。

養子について新戸籍を編製する。その処理を行う際に以下の確認を行うこと。

①届書の「入籍する戸籍または新しい本籍」欄に「新戸籍を編製する」旨の記入。

②届書の「その他」欄に「養子とその実方の血族との親族関係が終了する」旨の記入。

③当該縁組が「断絶型養子縁組」であることを明らかにする書面の提出。

なお、届書については「特別養子縁組届」の「特別」の文字を二重線で消して使用する。

《添付書類》

①家裁の審判書の謄本及び同確定証明書

②養父母の国籍証明書（旅券の写し）

　　ただし、審判書に養父母の国籍の記載があれば不要。

《注意》

中国人、朝鮮人等で本国において氏名を漢字で表記しているもの以外は、片仮名で記載し、あわせて外国文字を記載する（明35・12・22民刑1163号通牒）。

ただし、外国文字の記載のない届書でも受理して差し支えない（明36・2・14民刑100号通牒）。

出生他

特別養子縁組

離縁他

婚姻他

離婚他

死亡

外国人父母への氏変

親権

特別養子縁組届 1

日本人夫婦が外国人（ブラジル人）を特別養子とする縁組の裁判が確定し、その届出が本籍地の市区町村長にあった場合

縁組の裁判確定の日から10日以内に届け出なければならない【戸籍法68条の2、同法63条1項】。

届出地は当事者の所在地又は日本人養親の本籍地である【戸籍法25条】。

実父母の氏名を記入する。外国人の氏名の表記方法は養子欄と同様であるが、氏に相当する部分を先に、名に相当する部分を後にし、氏と名の間に「、」を入れる。

審判確定の日（特別養子成立の日）を記入する。

特別養子と養父母との続き柄を記入する。養父母に実子があるときは、国籍のいかんを問わず、出生の前後に従う。

外国人が日本人の養子となっても日本国籍を取得しないので、記入不要。

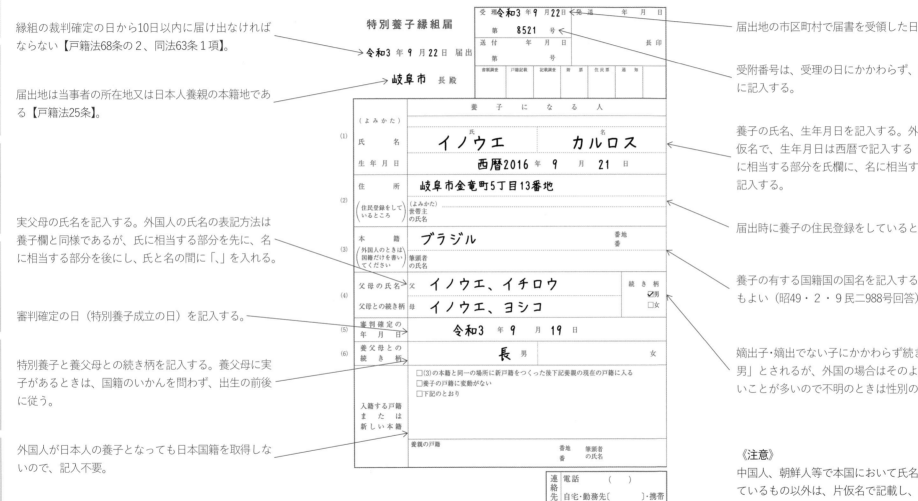

届出地の市区町村で届書を受領した日を記入する。

受附番号は、受理の日にかかわらず、受附帳の記載順に記入する。

養子の氏名、生年月日を記入する。外国人の氏名は片仮名で、生年月日は西暦で記入する（注意参照）。氏に相当する部分を氏欄に、名に相当する部分を名欄に記入する。

届出時に養子の住民登録をしているところを記入する。

養子の有する国籍国の国名を記入する。国名は略称でもよい（昭49・2・9民二988号回答）。

嫡出子・嫡出でない子にかかわらず続き柄は「長男」「二男」とされるが、外国の場合はそのように表記されないことが多いので不明のときは性別のみ記入する。

《注意》
中国人、朝鮮人等で本国において氏名を漢字で表記しているもの以外は、片仮名で記載し、あわせて外国文字を記載する（明35・12・22民刑1163号通牒）。
ただし、外国文字の記載のない届書でも受理して差し支えない（明36・2・14民刑100号通牒）。

出生他

特別養子縁組

離縁他

婚姻他

離婚他

死亡

外国人父母への氏変

親権

夫婦共同縁組であることを要する【民法817条の3】。

届出時に住民登録をしているところを記入する。

届出時に在籍する戸籍を記入する。

養父母に既に特別養子となる者よりも年少の嫡出子、特別養子がいる場合にその子の続き柄を更正する必要があるときは（続き柄を更正すべき子が日本人であるとき）、その旨を記入する。
（例）年長の特別養子につき長男勉を二男に更正する

届出人は申立人である養父母である（どちらか一方のみの届出であっても、受理して差し支えない）。

	養 親 に な る 人	
（よみかた）	こうの　　りょうへい	こうの　　さちこ
氏　　名	養父 氏 甲野　名 良平	養母 氏 甲野　名 幸子
生 年 月 日	昭和41 年 8 月 20 日	昭和45 年 6 月 17 日
住　　所	岐阜市金竜町5丁目13番地	
（住民登録をしているところ）世帯主の氏名	（よみかた）こうの りょうへい 甲野 良平	
本　　籍（外国人のときは国籍だけを書いてください）筆頭者の氏名	岐阜市金竜町5丁目13　　番地 甲野 良平	
そ の 他	審判書謄本、同確定証明書 養子の旅券の写し 〃 出生証明書及び訳文	
届出人署名（※押印は任意）	養父 甲野 良平　印	養母 甲野 幸子　印

《添付書類》
①家庭裁判所の審判書謄本及び同確定証明書
②養子の国籍証明書（旅券の写し）
③養子の出生証明書及び訳文
　ただし、②、③については審判書に養子の国籍、生年月日、実父母の氏名等の記載があれば不要。

出生他

特別養子縁組

離縁他

婚姻他

離婚他

死亡

外国人父母への氏変

親権

特別養子縁組届2

外国人（アメリカ人）夫婦が日本人を特別養子とする縁組の裁判が確定し、その届出が養子の本籍地の市区町村長にあった場合

縁組の裁判確定の日から10日以内に届け出なければならない【戸籍法68条の2、同法63条1項】。

届出地は当事者の所在地又は日本人養子の本籍地である【戸籍法25条】。

実父母の氏名と続き柄を記入する。

審判確定の日（特別養子成立の日）を記入する。

特別養子と養父母との続き柄を記入する。

外国人の特別養子となった場合は、養子の氏で新戸籍を編製することとなる。

届出地の市区町村で届書を受領した日を記入する。

受附番号は、受理の日にかかわらず、受附帳の記載順に記入する。

養子の氏名、生年月日を記入する。年の表示が西暦でされていてもそのまま受理する（昭54・6・9民二3313号通達）。

届出時に住民登録をしているところを記入する。

届出時に在籍する戸籍を記入する。

特別養子縁組届

令和3 年 9 月 22 日 届出

岐阜県関市 長 殿

受理	令和3 年 9 月 22 日	発送	年 月 日
第	3543 号		長印
送付	年 月 日		
第	号		
書類調査	戸籍記載	記載調査	附票	住民票	通知

	養 子 に な る 人		
(1)	（よみかた）	こうの	さちこ
	氏 名	氏 甲野	名 幸子
	生 年 月 日	平成28 年 9 月 21 日	
(2)	住 所 （住民登録をしているところ）	岐阜県関市若草通3丁目1番地	
	（よみかた）世帯主の氏名	こうの ゆき 甲野 由紀	
(3)	本 籍 （外国人のときは国籍だけを書いてください）	岐阜県関市若草通3丁目1 番地番	
	筆頭者の氏名	甲野 由紀	
(4)	父母の氏名 父母との続き柄	父 母 甲野 由紀	続き柄 長 □男 ☑女
(5)	審判確定の年 月 日	令和3 年 9 月 19 日	
(6)	養父母との続き柄	男 長 女	
	入籍する戸籍または新しい本籍	□(3)の本籍と同一の場所に新戸籍をつくった後下記養親の現在の戸籍に入る □養子の戸籍に変動がない ☑下記のとおり 養子につき、(3)の本籍と同一の場所に新戸籍をつくる。	
		養親の戸籍 番地番 筆頭者の氏名	
	連絡先	電話 （ ） 自宅・勤務先〔 〕・携帯	

養親の氏名、生年月日を記入する。外国人の氏名は片
仮名で、生年月日は西暦で記入する（注意参照）。氏
に相当する部分を氏欄に、名に相当する部分を名欄に
記入する。

届出時の養親の住民登録をしているところを記入する。

養親の有する国籍国の国名を記入する。国名は略称で
もよい（昭49・2・9民二988号回答）。

届出人は申立人である養父母である（どちらか一方の
みの届出であっても、受理して差し支えない）。
外国人の署名（サイン）は原則として本国文字で行う。
イニシャル等記号のような署名（サイン）の場合は、
フルネームを併記させる。

養 親 に な る 人				
（よみかた）	養父 氏	名	養母 氏	名
氏　　名	ベルナール	ウェイン	ベルナール	マーガレット
生 年 月 日	西暦1976 年 4 月 12 日		西暦1978 年 11 月 12 日	
住　　所	岐阜市金竜町5丁目13番地			
（住民登録をしているところ）（よみかた）世帯主の氏名				
本　　籍 外国人のときは国籍だけを書いてください 筆頭者の氏名	アメリカ合衆国		番地番	
そ の 他	審判書謄本、同確定証明書 養父母の旅券の写し			
届出人署名 （※押印は任意）	養父 Wein Bernale　印		養母　　　　印	

《添付書類》
①家庭裁判所の審判書謄本及び同確定証明書
②養親の国籍証明書
　ただし、審判書に国籍の記載があれば不要。

《注意》
中国人、朝鮮人等で本国において氏名を漢字で表記し
ているもの以外は、片仮名で記載し、あわせて外国文
字を記載する（明35・12・22民刑1163号通牒）。
ただし、外国文字の記載のない届書でも受理して差し
支えない（明36・2・14民刑100号通牒）。

47

日本人夫婦が外国人を特別養子とする縁組が外国の裁判所で成立した旨の届出が本籍地の市区町村長にあった場合

外国裁判所による特別養子縁組の裁判が確定した場合は、裁判確定の日から10日以内に届出することを要する【戸籍法68条の2、同法63条1項】。

養子の氏名、生年月日を記入する。外国人の氏名は片仮名で、生年月日は西暦で記入する（注意参照）。氏に相当する部分を氏欄に、名に相当する部分を名欄に記入する。

現住所を記入する。外国の地名は漢字で表わされるもの以外は片仮名で、行政区画名は「州・県・郡・市・町・村」等を用いて記入する（ひとくちメモ㉖（104頁）参照）。

《外国裁判所で養子縁組が成立した場合の審査方法》
養子縁組を成立させる旨の外国裁判所の確定裁判の謄本等を添付した養子縁組届が提出された場合は、民事訴訟法118条各号の要件を満たすかどうかを審査して受否の判断をする【家事事件手続法79条の2、民事訴訟法118条】。

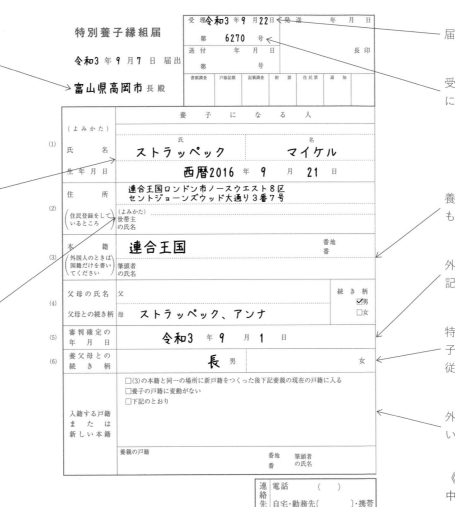

届出地の市区町村で届書を受領した日を記入する。

受附番号は、受理の日にかかわらず、受附帳の記載順に記入する。

養子の有する国籍国の国名を記入する。国名は略称でもよい（昭49・2・9民二988号回答）。

外国の裁判所における特別養子縁組の裁判確定の日を記入する。

特別養子と養父母との続き柄を記入する。養父母に実子があるときは、国籍のいかんを問わず出生の前後に従う。

外国人が日本人の養子となっても日本国籍を取得しないので記入不要。

《注意》
中国人、朝鮮人等で本国において氏名を漢字で表記しているもの以外は、片仮名で記載し、あわせて外国文字を記載する（明35・12・22民刑1163号通牒）。
ただし、外国文字の記載のない届書でも受理して差し支えない（明36・2・14民刑100号通牒）。

出生他

特別養子縁組

離縁他

婚姻他

離婚他

死亡

外国人父母への氏変

親権

外国における現住所を記入する。外国の地名の表記については、ひとくちメモ㉖（104頁）を参照。

届出時に在籍する戸籍を記入する。

証書等が外国語で記載されている場合は、その訳文をつける【戸籍法施行規則63条】。
養父母に既に特別養子となる者よりも年少の嫡出子、特別養子がいる場合にその子の続き柄を更正する必要があるときは（続き柄を更正すべき子が日本人であるとき）、その旨を記入する。
（例）年長の特別養子につき長男勉を二男に更正する

届出人は申立人である養父母である（どちらか一方のみの届出であっても、受理して差し支えない）。

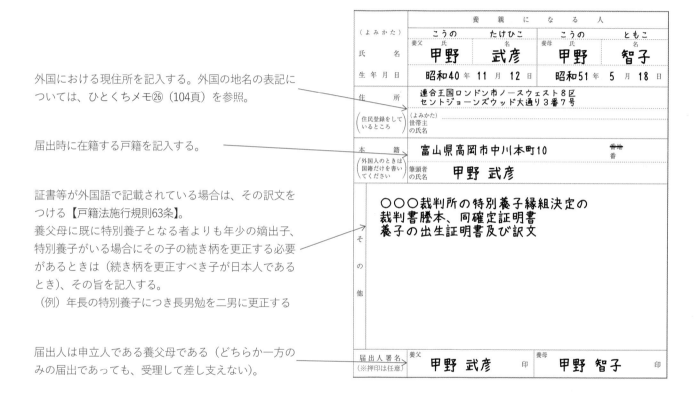

《添付書類》
①外国の裁判所で特別養子縁組が成立した旨の裁判書謄本及び確定証明書
②養子の国籍証明書（国籍の記載のある出生証明書でもよい）
　ただし、裁判書謄本に出生年月日、国籍の記載があれば不要。

養子離縁届1　日本人養親夫婦と韓国人養子（成年）が協議離縁する届を住所地の市区町村長に届け出た場合

届出地の市区町村で届書を受領した日を記入する。

届出により効力が発生するので、必ず記入する【民法812条、同法739条】。

届出地は当事者の所在地又は日本人養親の本籍地である【戸籍法25条】。

実父母の氏名を記入する。氏名の表記方法は養子欄と同様である。

該当するところに「✓」印をつける。

養子は外国人なので記入不要。

離縁当事者が届出人となる【戸籍法70条】。署名は本国文字で行う。

受附番号は、受理の日にかかわらず、受附帳の記載順に記入する。

養子の氏名、生年月日を記入する。漢字を使用している国の外国人の氏名について、それが日本の正しい文字であるものについてはそのまま、そうでないものは片仮名を併記する。片仮名が併記される本国文字は省略しても差し支えない。氏に相当する部分を氏欄に、名に相当する部分を名欄に記入する。

届出時に住民登録をしているところを記入する。

養子の有する国籍国の国名を記入する。国名は略称でもよい（昭49・2・9民二988号回答）。

《注意》
離縁の準拠法は、縁組時の養親の本国法によるとされている【法の適用に関する通則法31条2項】。
本事例は、養親の本国法である民法が準拠法となるので、民法により審査する。

協議離縁制度の有無の証明については、ひとくちメモ⑬（101頁）を参照。

養子離縁届

受理　令和3年9月22日　発送　　年　月　日
第　7890　号

送付　　年　月　日　　長印
第　　　号

戸籍調査　戸籍記載　記載調査　附票　住民票　通知

令和3年9月22日届出

富山市　長　殿

	養　子
（よみかた）	り　　てつお
氏　名	養子　氏　李　哲雄　名　　養女　氏　　名
生年月日	平成8年8月21日　　　年　月　日
住所（住民登録をしているところ）	富山市新桜町7番38号　世帯主の氏名　李哲雄
本籍（外国人のときは国籍だけを書いてください）	韓国　番地　番　筆頭者の氏名

父母の氏名　父　李相大　続き柄　二男　　父　　　続き柄　女
父母との続き柄　母　金梅子

離縁の種別
☑協議離縁　　　　　　　　□和解　　　　年　月　日成立
□調停　　年　月　日成立　□請求の認諾　年　月　日認諾
□審判　　年　月　日確定　□判決　　　　年　月　日確定
□死亡した者との離縁　　年　月　日許可の審判確定

離縁後の本籍
□もとの戸籍にもどる　□新しい戸籍をつくる　□養子の戸籍に変動がない
番地　番　筆頭者の氏名

届出人署名（※押印は任意）　李哲雄　　印　　　　　　印

届　出　人
（離縁する養子が十五歳未満のときに書いてください。届出人となる未成年後見人が3人以上のときは、ここに書くことができない未成年後見人について、その他欄又は別紙（届出人全員が別紙の余白部分に署名してください。署名欄に押印をしている場合は、余白部分への押印でも差し支えありません。）に書いてください。）

資格	離縁後の親権者（□父　□養父）□未成年後見人	離縁後の親権者（□母　□養母）□未成年後見人
住所		
本籍	番地　番　筆頭者の氏名	番地　番　筆頭者の氏名
署名（※押印は任意）	印	印
生年月日	年　月　日	年　月　日

連絡先　電話（　　）
自宅・勤務先［　　　］・携帯

令和　年　月　日
午前・午後　時　分受領

養子女
□免□旅□住
□マ
□その他（　）　□無
不受理
□有　□無
通知
□要　□不要

親父母
□免□旅□住
□マ
□その他（　）　□無
不受理
□有　□無
通知
□要　□不要

使者
□免□旅□住
□マ
□その他（　）　□無
送付　令和　年　月　日

確認　通知

出生他

縁組他

養子離縁

婚姻他

離婚他

死亡

外国人父母への氏変

親権

離縁は縁組時の養親の本国法によるとされている【法の適用に関する通則法31条2項】ので、縁組時に日本人であれば、協議による離縁【民法811条】をすることができる。養子が成年者であれば、養親夫婦は単独でも共同でも離縁ができる（ひとくちメモ⑬（101頁）参照）。

届出時に住民登録をしているところを記入する。

届出時に在籍する戸籍を記入する。

		養　　　　　親			
（よみかた）		こうの　　　のぶお		こうの　　　ちえ	
氏　　名		養父氏 甲野 名 信夫		養母氏 甲野 名 智恵	
生年月日		昭和48 年 4 月 17 日		昭和50 年 3 月 16 日	
住　　所		富山市新総曲輪1番7号			
（住民登録をしているところ）	（よみかた）　こうの　のぶお 世帯主の氏名　甲野 信夫				
本　　籍 （外国人のときは国籍だけを書いてください）		富山市新総曲輪1		番地 番	
	筆頭者の氏名　甲野 信夫				
そ の 他					
届出人署名 （※押印は任意）	養父 甲野 信夫 印		養母 甲野 智恵 印		

養父	□免 □旅 □住 □マ □その他 □無 （　　）
不受理	□有 □無
通知	□要 □不要
養母	□免 □旅 □住 □マ □その他 □無 （　　）
不受理	□有 □無
通知	□要 □不要
送付	令和 年 月 日

確　認	通　知

成年の証人2名を要する【民法812条、同法739条】。
証人はその本国法で成年とされる外国人でもよい。

証人の住民登録をしているところを記入する。

証人の本籍を記入する。
外国人は国籍を有する国の国名を記入する。
国名は略称でもよい（昭49・2・9民二988号回答）。

	証　　　　　人 （協議離縁または死亡した者との離縁のときだけ必要です）	
署　　名 （※押印は任意）	乙川 忠司 印	丙川 冬子 印
生年月日	昭和44 年 2 月 15 日	昭和41 年 1 月 14 日
住　所	富山市牛島新町 11番7号	富山県射水市小島 703番地
本　籍	富山市牛島新町 11 番地 番	富山県射水市小島 703 番地 番

51

出生他
縁組他
養子離縁
婚姻他
離婚他
死亡
外国人父母への氏変
親権

離縁の裁判確定の日から10日以内に届け出なければならない【戸籍法73条、同法63条１項】（注意参照）。

届出地は当事者の所在地又は日本人養子の本籍地である【戸籍法25条】。

審判の確定の日が離縁成立の日である。

外国人との離縁によっては戸籍の変動はない。戸籍法107条４項により外国人養親の氏に変更した者が離縁後、縁組前の氏を称するには戸籍法107条１項の氏変更によるほかない。

離縁の裁判の申立人が届出人である【戸籍法63条１項】。

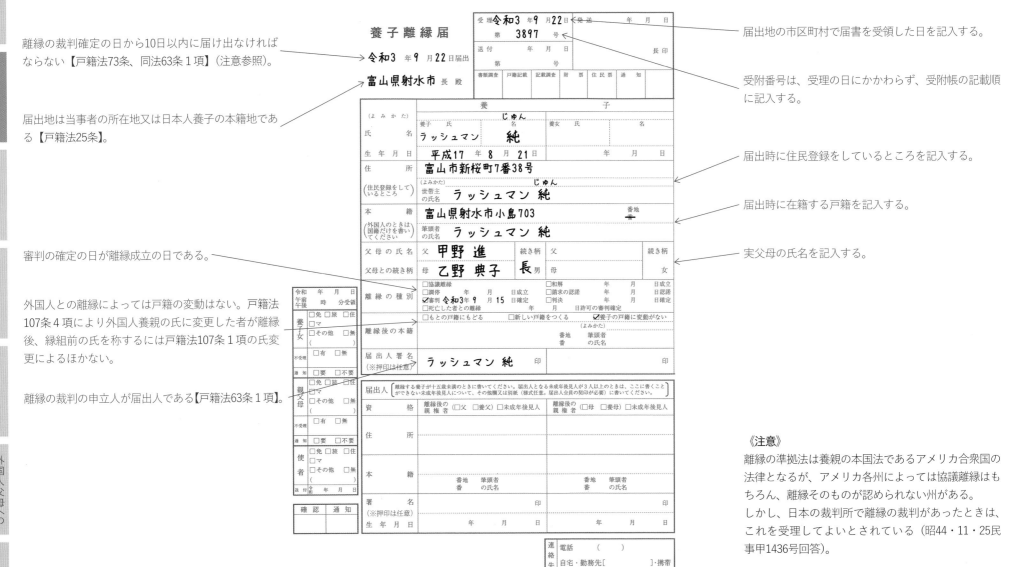

届出地の市区町村で届書を受領した日を記入する。

受附番号は、受理の日にかかわらず、受附帳の記載順に記入する。

届出時に住民登録をしているところを記入する。

届出時に在籍する戸籍を記入する。

実父母の氏名を記入する。

《注意》
離縁の準拠法は養親の本国法であるアメリカ合衆国の法律となるが、アメリカ各州によっては協議離縁はもちろん、離縁そのものが認められない州がある。
しかし、日本の裁判所で離縁の裁判があったときは、これを受理してよいとされている（昭44・11・25民事甲1436号回答）。

出生他

縁組他

養子離縁

婚姻他

離婚他

死亡

外国人父母への氏変

親権

養親の氏名、生年月日を記入する。外国人の氏名は片仮名で、生年月日は西暦で記入する（注意参照）。氏に相当する部分を氏欄に、名に相当する部分を名欄に記入する。

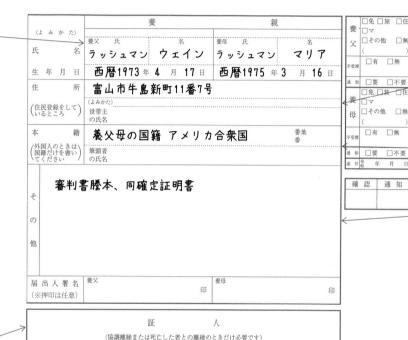

		養	親	
（よみかた）				
氏　名	養父 氏　名	ラッシュマン　ウェイン	養母 氏　名	ラッシュマン　マリア
生年月日		西暦1973年 4 月 17 日		西暦1975年 3 月 16 日
住　所（住民登録をしているところ）	富山市牛島新町11番7号			
	（よみかた）世帯主の氏名			
本　籍（外国人のときは国籍だけを書いてください）	養父母の国籍 アメリカ合衆国　番地番			
	筆頭者の氏名			

その他　審判書謄本、同確定証明書

届出人署名（※押印は任意）　養父　印　養母　印

養父 □免 □旅 □住 □マ □その他 □無（　）
不受理 □有 □無
通知 □要 □不要

養母 □免 □旅 □住 □マ □その他 □無（　）
不受理 □有 □無
通知 □要 □不要
返付 令和　年 月 日

確認	通知

届出時に住民登録をしているところを記入する。

養親の有する国籍国の国名を記入する。国名は略称でもよい（昭49・2・9民二988号回答）。

添付書類を記入する。

裁判離縁であるので証人欄の記入は不要である。

証　人	
（協議離縁または死亡した者との離縁のときだけ必要です）	
署　名（※押印は任意）	印　印
生年月日	年 月 日　年 月 日
住　所	
本　籍	番地番　番地番

《添付書類》
審判書謄本及び同確定証明書

《注意》
中国人、朝鮮人等で本国において氏名を漢字で表記しているもの以外は、片仮名で記載し、あわせて外国文字を記載する（明35・12・22民刑1163号通牒）。
ただし、外国文字の記載のない届書でも受理して差し支えない（明36・2・14民刑100号通牒）。

出生他
縁組他
特別養子離縁
婚姻他
離婚他
死亡
外国人父母への氏変
親権

特別養子離縁届

日本人の養親夫婦とブラジル人養子との特別養子離縁の審判が確定し、その届出が住所地の市区町村長にあった場合

届出地の市区町村で届書を受領した日を記入する。

送付を受けた市区町村で届書が送付されてきた日を記入する。

離縁の裁判確定の日から10日以内に届け出なければならない【戸籍法73条、同法63条1項】。

届出地は当事者の所在地又は日本人養親の本籍地である【戸籍法25条】。

養子の有する国籍国の国名を記入する。国名は略称でもよい（昭49・2・9民二988号回答）。

離縁の審判確定の日を記入する。

養子は外国人であるので記入不要。

届書を市区町村に発送するときに記入する。
謄本を作成して送付するときは「これは謄本である」と付記し、職名を記入し職印を押印する【戸籍法施行規則67条、同規則12条2項、3項】。
原本を送付し謄本を自庁で保管する場合であってもこの謄本証明をする。

受附番号は、受理の日（送付の日）にかかわらず、受附帳の記載順に記入する。

届出時（離縁前）の養子の氏名を記入する。

届出時に住民登録をしているところを記入する。

実父母の氏名を記入する。

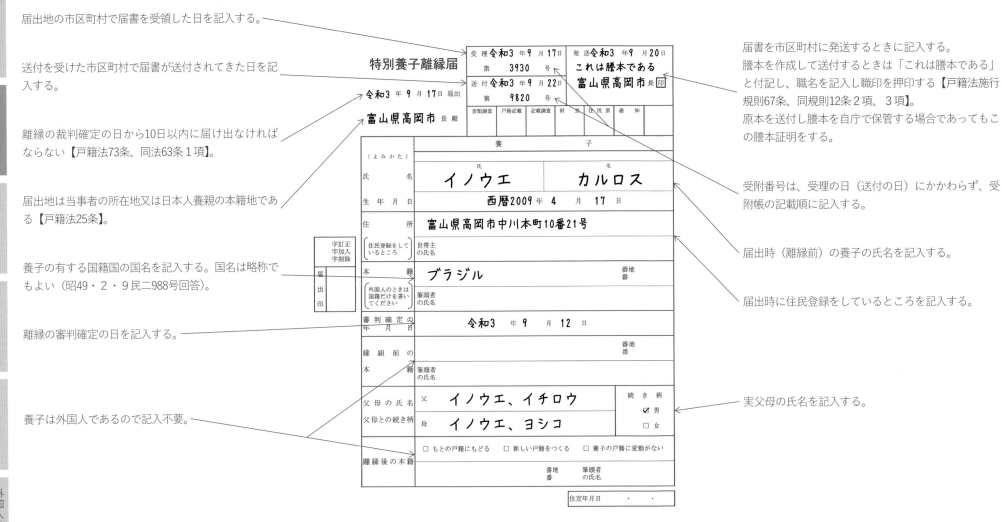

出生他

縁組他

特別養子離縁

婚姻他

離婚他

死亡

外国人父母への氏変

親権

縁組時の養親の本国法により要件を審査する【法の適用に関する通則法31条２項】。養父母双方と離縁することを要する【民法817条の10】。

届出時に住民登録をしているところを記入する。

届出時に在籍する戸籍を記入する。

		養	親	
（よみかた）		こうの	すすむ	こうの	ともこ
氏　　名	養父 氏	甲野	名 進	養母 氏 甲野	名 智子
生 年 月 日		昭和46年 6月 19日		昭和48年 8月 21日	

届出人は審判の申立人である実父母若しくは特別養子又は検察官である。

届出時の住民登録をしているところを記入する。

外国人について届出時に有する国籍国の国名を記入する。国名は略称でもよい（昭49・2・9民二988号回答）。

外国人の署名（サイン）は原則として本国文字で行う。イニシャル等記号のような署名（サイン）の場合は、フルネームを併記させる。

住　　所	富山市牛島新町11番7号	
住民登録をしているところ	世帯主の氏名 甲野 進	
本　　籍	富山市牛島新町11	番地 番
外国人のときは国籍だけを書いてください	筆頭者の氏名 甲野 進	

その他	審判書謄本、同確定証明書

届出人	☑父 □母 □養子	
	住所 富山県高岡市中川本町10番21号	
	本籍 ブラジル	番地 番　筆頭者の氏名
	署名 *Ichiro Inoue* 印（※押印は任意）	西暦1966年 9月 19日生

日中連絡のとれるところ
電話（　　　）
自宅 勤務先 呼出（　　方）

《注意》
縁組時の養親の本国法により要件を審査する【法の適用に関する通則法31条２項】。特別養子の離縁は、家庭裁判所の審判によってのみできる【民法817条の10】。

《添付書類》
審判書謄本及び同確定証明書

婚姻届 1　韓国人男と日本人女（戸籍の筆頭者でない者）の婚姻届を住所地の市区町村長に届け出た場合

受附番号は、受理の日にかかわらず、受附帳の記載順に記入する。

送付を受けた市区町村で届書が送付されてきた日を記入する。

届出により効力が発生するので、必ず記入する。

届出地は、当事者の所在地又は日本人配偶者の本籍地である【戸籍法25条】。

漢字を使用している国の外国人の氏名について、それが日本の正しい文字であるものについてはそのまま、そうでないものは片仮名で記入する（昭59・11・1民二5500号通達）。外国人の生年月日は西暦で記入する。

住民登録をしているところを記入する。

外国人については国籍を有する国名を記入する。国名は略称でもよい（昭49・2・9民二988号回答）。

外国人と婚姻した者が戸籍の筆頭者でないときは、新戸籍を編製するので必ず記入する（婚姻後の夫婦の氏欄の「✓」印は不要）。

外国人の署名は原則として本国文字で行う。
日本文字を常用している場合は、日本語による署名(本国名を日本語表記した場合に限る）でも差し支えない。

届書を受領した日を記入する。

届書を市区町村に発送するときに記入する。
謄本を作成して送付するときは「これは謄本である」と付記し、職名を記入し職印を押印する【戸籍法施行規則67条、同規則12条2項、3項】。
原本を送付し謄本を自庁で保管する場合であってもこの謄本証明をする。

届出時に住民登録をしているところを記入する。

届出時に在籍する戸籍を記入する。

届出時の父母の氏名を記入する。

養子縁組が継続中の最後の養父母の氏名を記入する。その他の養父母の氏名はその他欄へ記入する。

再婚のときは直前の解消事由とその年月日を記入する。
妻が再婚の場合は、待婚期間（婚姻解消の日から100日）を経過していること。

《添付書類》
①基本証明書
②婚姻関係証明書（成年被後見人又は未成年者の場合で、父母が同意している場合は家族関係証明書も添付）
③訳文【戸籍法施行規則63条】

婚姻届

受理	令和3 年 9 月22日	発送 令和3 年 9 月22日
第	2530 号	富山市 長印
送付	令和3 年 9 月25日	
第	1801 号	

書類調査 戸籍記載 記載調査 調査票 附票 住民票 通知

令和3 年 9 月 22日届出

富山市 長 殿

		夫になる人	妻になる人	
（よみかた）		キン　トクイチ	こうの　ゆみこ	
氏　名		金　徳一	甲野　由美子	
生年月日		西暦1992年2月21日	平成8年1月20日	
住所		富山市牛島新町	富山市牛島新町	
（住民登録をしているところ）		11番7号	11番7号	
		世帯主の氏名	世帯主の氏名 甲野　由夫	
本籍		韓国	富山県射水市小島	
（外国人のときは国籍だけを書いてください）		番地	703 番地番	
		筆頭者の氏名	筆頭者の氏名 甲野　由夫	
父母及び養父母の氏名 父母との続き柄		父 金　淳二	続き柄 男	父 甲野　由夫	続き柄 長女
		母 李　根順		母 裕子	
右記の養父母以外にも養父母がいる場合にはその他の欄に書いてください		養父	続き柄 養子	養父	続き柄 養女
		養母		養母	
婚姻後の夫婦の氏・新しい本籍	□夫の氏 □妻の氏	新本籍（左の□の氏の人がすでに戸籍の筆頭者となっているときは書かないでください） 富山県射水市小島703 番地 番	
同居を始めたとき		令和3 年 9 月	
初婚・再婚の別		☑初婚 □再婚（□死別 □離別 年 月 日）	☑初婚 □再婚（□死別 □離別 年 月 日）
同居を始める前の夫妻のそれぞれの世帯のおもな仕事と	夫 妻	1. 農業だけまたは農業とその他の仕事を持っている世帯	
	夫 妻	2. 自由業・商工業・サービス業等を個人で経営している世帯	
	夫 妻	3. 企業・個人商店等（官公庁は除く）の常用勤労者世帯で勤め先の従業者数が1人から99人までの世帯（日々または1年未満の契約の雇用者は5）	
	夫 妻	4. 3にあてはまらない常用勤労者世帯及び会社団体の役員の世帯（日々または1年未満の雇用者は5）	
	夫 妻	5. 1から4にあてはまらないその他の仕事をしている者のいる世帯	
	夫 妻	6. 仕事をしている者のいない世帯	
		（国勢調査の年…　年の4月1日から翌年3月31日までに届出をするときだけ書いてください）	
夫妻の職業		夫の職業	妻の職業
その他		婚姻関係証明書及び訳文、基本証明書及び訳文	
届出人署名（※押印は任意）	夫	金　徳一 印	妻 甲野　由美子 印
事件簿番号		住所を定めた年月日 夫 年 月 日 妻 年 月 日	連絡先 電話 （ ） 自宅・勤務先[ ]・携帯

（左側の欄）

令和 年 月 日 午前・午後 時 分受領		
夫	□免 □旅 □住 □その他 □無 （ ）	
	不受理 □有 □無	
	通知 □要 □不要	
妻	□免 □旅 □住 □マ □その他 □無 （ ）	
	不受理 □有 □無	
	通知 □要 □不要	
使者	□免 □旅 □住 □その他 □無 （ ）	
	送付 年 月 日	
確認	通知	

成人の証人２名を要する【民法739条２項】。証人は外国人でもよいが、本国法上の成年者であることを要する。

証	人	
署　名 （※押印は任意）	甲野　由夫　　㊞	乙川　法子　　㊞
生 年 月 日	昭和39年　8　月　20日	昭和51年　7　月　14日
住　　　所	富山県射水市小島	富山市新桜町
	703番地	7番38号
本　　　籍	富山県射水市小島	富山県南砺市荒木
	703　番地	1550　番地

証人の住民登録をしているところを記入する。

証人の本籍を記入する。

→　「筆頭者の氏名」には、戸籍のはじめに記載されている人の氏名を書いてください。

→　□には、あてはまるものに☑のようにしるしをつけてください。
　　外国人と婚姻する人が、まだ戸籍の筆頭者となっていない場合には、新しい戸籍がつくられますので、希望する本籍を書いてください。

→　再婚のときは、直前の婚姻について書いてください。
　　内縁のものはふくまれません。

　　届け出られた事項は、人口動態調査（統計法に基づく基幹統計調査、厚生労働省所管）にも用いられます。

婚姻届2	日本人男と韓国人女が韓国の方式により婚姻した旨の証書の提出が本籍地の市区町村長にあった場合

受附番号は、受理の日にかかわらず、受附帳の記載順に記入する。

外国の方式により婚姻した場合は、その国に駐在する日本の大使、公使、領事に提出する【戸籍法41条1項】か、直接夫又は妻の本籍地に郵送する【同条2項】。若しくは帰国後に本籍地の市区町村に提出してもよい（昭5・6・19民事280号回答）。本事例は、帰国後に本籍地市長に提出した場合である。

届出時の住民登録をしているところを記入する。

届出時に在籍する戸籍を記入する。

外国人と婚姻した者が戸籍の筆頭者でないときは、新戸籍を編製するので必ず記入する（婚姻後の夫婦の氏欄の「✓」印は不要）。

その他欄には、外国の方式により婚姻が成立した旨及び成立の年月日、提出書類を記入する。外国語で作成された証書には、その訳文を添付しなければならない【戸籍法施行規則63条】。

報告的届出であるので日本人配偶者が届出をする。

届書を受領した日を記入する。

本国戸籍の氏名が日本の正しい文字であるものについてはそのまま、そうでないものは片仮名を併記する。片仮名で表記される本国文字は省略しても差し支えない。

国外にある場合はその国における住所を記入する。

外国人については国籍を有する国名を記入する。国名は略称でもよい（昭49・2・9民二988号回答）。

届出時の父母の氏名を記入する。

養子縁組が継続中の最後の養父母の氏名を記入する。その他の養父母の氏名はその他欄へ記入する。

再婚のときは直前の解消事由とその年月日を記入する。妻が再婚の場合は、待婚期間（100日）を経過していること（注意参照）。

《添付書類》
①基本証明書
②婚姻関係証明書（成年被後見人又は未成年者の場合で、父母が同意している場合は家族関係証明書も添付）
③訳文【戸籍法施行規則63条】

《注意》
外国で成立した婚姻については、民法上の取消原因がある場合でも受理しなければならない。

婚姻届

令和3 年 9 月 22 日届出

富山県氷見市 長 殿

受理	令和3 年 9月22日	発送	年 月 日
第	1420 号		長印
送付	年 月 日		
第	号		

書類調査	戸籍記載	記載調査	調査票	附票	住民票	通知

	夫になる人	妻になる人
氏名 (よみかた)	おつやま よういち 乙山 洋一	ユ ソヨン 柳 徐蓮
生年月日	平成6 年 6 月 19 日	西暦1994 年 4 月 17 日
住所 （住民登録をしているところ）	富山県氷見市鞍川 1060番地	全羅南道海南郡玉泉面
世帯主の氏名	乙山 洋一	世帯主の氏名
本籍 （外国人のときは国籍だけを書いてください）	富山県氷見市鞍川 1060 番地	韓国 番地番
筆頭者の氏名	乙山 洋一	筆頭者の氏名
父母及び養父母の氏名 父母との続き柄	父 乙山 太郎 母 民子	続き柄 長男
	父 柳 他官 母 姜 淑礼	続き柄 女
右記の養父母以外にも養父母がいる場合はその他の欄に書いてください	養父 養母	続き柄 養子
	養父 養母	続き柄 養女

婚姻後の夫婦の氏・新しい本籍	□夫の氏 □妻の氏	新本籍（左の☐の氏の人がすでに戸籍の筆頭者となっているときは書かないでください） 番地番
同居を始めたとき	令和3 年 8 月	
初婚・再婚の別	☑初婚 □再婚 □死別 年 月 日 □離別	☑初婚 □再婚 □死別 年 月 日 □離別

	夫 妻	1. 農業だけまたは農業とその他の仕事を持っている世帯
同居を始める前の夫婦のそれぞれの世帯のおもな仕事と	夫 妻	2. 自由業・商工業・サービス業等を個人で経営している世帯
	夫 妻	3. 企業・個人商店等（官公庁は除く）の常用勤労者世帯で勤め先の従業者数が1人から99人までの世帯（日々または1年未満の契約の雇用者は5）
	夫 妻	4. 3にあてはまらない常用勤労者世帯及び会社団体の役員の世帯（日々または1年未満の契約の雇用者は5）
	夫 妻	5. 1から4にあてはまらないその他の仕事をしている者のいる世帯
		6. 仕事をしている者のいない世帯
夫妻の職業	国勢調査の年…　年…の4月1日から翌年3月31日までに届出をするときだけ書いてください 夫の職業	妻の職業

その他	令和3 年8 月14日　韓国の方式により婚姻成立 婚姻関係証明書及び訳文、基本証明書及び訳文（又は旅券の写し）

届出人署名 （※押印は任意）	夫 乙山 洋一 印	妻 印

事件簿番号		住所を定めた年月日	連絡先	電話 （ ）
		夫 年 月 日 妻 年 月 日		自宅・勤務先[ ]・携帯

左側枠内:

令和	年 月 日 午前 午後 時 分受付	
夫	□免 □旅 □住 □マ □その他 □無 （ ）	
不受理	□有 □無	
通知	□要 □不要	
妻	□免 □旅 □住 □マ □その他 □無 （ ）	
不受理	□有 □無	
通知	□要 □不要	
使者	□免 □旅 □住 □マ □その他 □無 （ ）	
送付	令和 年 月 日	
確認	通知	

この婚姻関係証明書は参考として掲載したものであり、記載例の内容とは合致しておりません。

外国の方式による婚姻等の成立についての審査は
ひとくちメモ⑮（101頁）を参照。

婚姻關係證明書

登錄基準地	全羅南道海南郡玉泉 面 ００里 i番地				

區分	姓名	出生年月日	住民登錄番號	性別	本
本人	ユ ソヨン(柳 徐蓮)	1983年 2月 13日	681231-1*******	女	全州

婚姻事項

配偶者	乙山 洋一	1980年 8月 7日	721020-2*******	男	豊穣

區分	詳 細 内 容	
婚姻	[婚姻申告日] 2008年 07月 01日　　[申告官署] 群山市 [記録日] 2008年 07月 01日 [配偶者] 乙山 洋一　　　　　　　[住民登錄番號] 721020-2******	

上の婚姻関係証明書は家族関係登録簿の記録事項と間違いないことを証明します。
西紀 2008年08月01日

瑞草區廳長(職印)

婚姻届 3　日本人男とフィリピン人女の婚姻届を日本人男の本籍地の市区町村長に届け出た場合

届書を受領した日を記入する。

受附番号は、受理の日にかかわらず、受附帳の記載順に記入する。

届出により効力が発生するので、必ず記入する。

届出地は、当事者の所在地又は日本人配偶者の本籍地である【戸籍法25条】。

届出時に住民登録をしているところを記入する。

届出時に在籍する戸籍を記入する。

届出時の父母の氏名を記入する。

養子縁組が継続中の最後の養父母の氏名を記入する。その他の養父母の氏名はその他欄へ記入する。

外国人と婚姻した者が戸籍の筆頭者でないときは、新戸籍を編製するので必ず記入する（婚姻後の夫婦の氏欄の「✓」印は不要）。

外国人の署名（サイン）は原則として本国文字で行う。イニシャル等記号のような署名（サイン）の場合は、フルネームを併記させる。

外国人の氏名については、片仮名で記載し、あわせて外国文字を記載する。ただし、外国文字の記載のない届書でも受理して差し支えない（明35・12・22民刑1163号通牒、明36・2・14民刑100号通牒）（ひとくちメモ②（97頁）、ひとくちメモ⑱（102頁）参照）。外国人の生年月日は西暦で記入する。

住民登録をしているところを記入する。

外国人のときは、国籍を有する国名を記入する。国名は略称でもよい（昭49・2・9民二988号回答）。

氏、名の順に記入する。

再婚のときは、直前の解消事由とその年月日を記入する。
妻が再婚である場合は、待婚期間（100日）を経過していること（注意参照）。

《添付書類》
①国籍を証する書面（国籍証明書又は旅券の写し）
②要件具備証明書（ひとくちメモ⑯（101頁）参照）
③訳文【戸籍法施行規則63条】

《注意》
待婚期間は双方的要件と解されているので、日本人男と婚姻する外国人女が再婚である場合には、当該外国法に定める待婚期間のほか、民法733条に規定する待婚期間を経過していることを要する。なお、フィリピン家族法には待婚期間の定めがないことから、日本民法の待婚期間のみを考慮すれば足りる。

婚姻届

受理　令和3年9月22日　発送　　年　月　日　第 2280 号
送付　　年　月　日　第　　号　　長印
審査調査｜戸籍記載｜記載調査｜調査票｜附票｜住民票｜通知

令和3年9月22日届出

富山県南砺市　長 殿

	夫 に な る 人	妻 に な る 人
氏名（よみかた）	こうの　ひろし　甲野　浩	プサビダル、バーバラ
生年月日	昭和60年2月15日	西暦1996年5月18日
住所（住民登録をしているところ）	富山市牛島新町　11番7号　世帯主の氏名 甲野 浩	富山市牛島新町　11番7号　世帯主の氏名 甲野 浩
本籍（外国人のときは国籍だけを書いてください）	富山県南砺市荒木　1550番地　筆頭者の氏名 甲野 浩二	フィリピン共和国　筆頭者の氏名
父母及び養父母の氏名　父母との続き柄	父 甲野 浩二　母 花子　続き柄 三男	父 ビダル、オーランド　母 プサ、カリダット　続き柄 女
右記の養父母以外にも養父母がいる場合にはその他の欄に書いてください	養父　続き柄　養母	養父　続き柄 養子　養母　養女
婚姻後の夫婦の氏・新しい本籍	☑夫の氏 □妻の氏　新本籍（左の□の氏の人がすでに戸籍の筆頭者となっているときは書かないでください）富山市牛島新町11　番地 番	
同居を始めたとき	令和3年8月	
初婚・再婚の別	☑初婚 再婚（□死別 □離別 年 月 日）	☑初婚 再婚（□死別 □離別 年 月 日）
同居を始める前の夫妻のそれぞれのおもな仕事と	夫 妻 1.農業だけまたは農業とその他の仕事を持っている世帯 ／ 夫 妻 2.自由業・商工業・サービス業等を個人で経営している世帯 ／ 夫 妻 3.企業・個人商店等（官公庁は除く）の常用勤労者世帯で勤め先の従業者数が1人から99人までの世帯（日々または1年未満の契約の雇用者は5）／ 夫 妻 4.3にあてはまらない常用勤労者世帯及び会社団体の役員の世帯（日々または1年未満の契約の雇用者は5）／ 夫 妻 5.1から4にあてはまらないその他の仕事をしている者のいる世帯 ／ 夫 妻 6.仕事をしている者のいない世帯	
夫妻の職業（国勢調査の年…　年の4月1日から翌年3月31日までに届出をするときだけ書いてください）	夫の職業	妻の職業
その他	婚姻要件具備証明書　旅券の写し	
届出人署名（※押印は任意）	夫 甲野 浩 ㊞	妻 Barbara Pusa Vidale ㊞
事件簿番号	住所を定めた年月日 夫 年 月 日 妻 年 月 日	連絡先 電話（　）自宅・勤務先［　］・携帯

令和 年 月 日 午前/午後 時 分受領
夫 □免 □旅 □住 □マ □その他 □無（ ）不受 □有 □無 通知 □要 □不要
妻 □免 □旅 □住 □マ □その他 □無（ ）不受 □有 □無 通知 □要 □不要
使者 □免 □旅 □住 □マ □その他 □無（ ）送付 年 月 日
確認 通知

成人の証人２名を要する【民法739条２項】。
証人は外国人でもよいが、本国法上の成年者であることを要する。

外国人が証人となるときは、署名は本国語を用い、フルネームで記入する。外国人のときは、生年月日は西暦で記入する。

証人の住民登録をしているところを記入する。

	証	人
署　名 （※押印は任意）	法務 太郎　㊞	乙野 二郎　㊞
生年月日	昭和34年 9月 10日	昭和39年 4月 5日
住　所	富山県高岡市中川本町 10番21号	富山県高岡市中川1丁目 5番22号
本　籍	富山県高岡市中川本町 10 番地	富山県高岡市中川1丁目 5 番地

証人の本籍を記入する。
外国人のときは、その国籍を有する国の国名を記入する。国名は略称でもよい（昭49・2・9民二988号回答）。

→ 「筆頭者の氏名」には、戸籍のはじめに記載されている人の氏名を書いてください。

→ □には、あてはまるものに☑のようにしるしをつけてください。
外国人と婚姻する人が、まだ戸籍の筆頭者となっていない場合には、新しい戸籍がつくられますので、希望する本籍を書いてください。

→ 再婚のときは、直前の婚姻について書いてください。
内縁のものはふくまれません。

届け出られた事項は、人口動態調査（統計法に基づく基幹統計調査、厚生労働省所管）にも用いられます。

この婚姻要件具備証明書は参考として掲載したものであり、記載例の内容とは合致しておりません。

FOREIGN SERVICE OF THE PHILIPPINES
PHILIPPINE EMBASSY
TOKYO

CERTIFICATE OF LEGAL CAPACITY TO CONTRACT MARRIAGE

_____ (Date)

TO WHOM IT MAY CONCERN:

THIS IS TO CERTIFY that _____, has declared under oath that he/she is ___22___ years of age and ___Single___ (civil status); amd by virtue of such sworn statement, and there being no information that said party possesses any of the disqualifications to contract marriage as set forth by the laws of the Philippines, this Office hereby grants him/her this CERTIFICATE OF LEGAL CAPACITY TO CONTRACT MARRIAGE.

This certificate is good for ___180___ days and may be used anywhere in Japan and Okinawa.

〇〇〇〇〇
CONSUL

Doc No. _____
Series of 19 _____
Service No. _____
Fee Paid _____
O. R. No. _____

翻　訳

　下記の者は、フィリピン共和国の法令に基づき婚姻の資格を有することを証明する。

記

1. 氏　名　プサビダル、バーバラ　性別 男／⦿女
2. 生年月日　1984年 8月 10日　（22才）
3. 国籍／市民権　フィリピン

本書の有効期間　　発行より　180　日間
及び有効地域　　　日本国内各地

61

婚姻届4　日本人男とフィリピン人女がフィリピン国の方式に従って婚姻した旨の証書の提出が日本人男の本籍地の市区町村長にあった場合

受附番号は受理の日にかかわらず、受附帳の記載順に記入する。

外国の方式により婚姻した場合は、その国に駐在する日本の大使、公使、領事に届出する【戸籍法41条1項】か、直接夫又は妻の本籍地に郵送する【同条2項】。若しくは帰国後に直接届出してもよい（昭5・6・19民事280号回答）。本事例は、帰国後に本籍地市長に提出した場合である。

届出時に住民登録しているところを記入する。

届出時に在籍する戸籍を記入する。

届出時の父母の氏名を記入する。

養子縁組が継続中の最後の養父母の氏名を記入する。その他の養父母の氏名はその他欄へ記入する。

外国人と婚姻した者が、戸籍の筆頭者でないときは、新戸籍を編製するので必ず記入する（婚姻後の夫婦の氏欄の「✓」印は不要）。

その他欄には、外国の方式により婚姻が成立した旨及び成立の年月日、提出書類を記入する。

報告的届出であるので日本人配偶者が届出をする。

届書を受領した日を記入する。

外国人の氏名については、片仮名で記載し、あわせて外国文字を記載する。ただし、外国文字の記載のない届書でも受理して差し支えない（明35・12・22民刑1163号通牒、明36・2・14民刑100号通牒）（ひとくちメモ②（97頁）、ひとくちメモ⑱（102頁）参照）。外国人の生年月日は西暦で記入する。

国外にある場合はその国における住所を記入する。

外国人のときは、国籍を有する国名を記入する。国名は略称でもよい（昭49・2・9民二988号回答）。

氏、名の順に記入する。

再婚のときは、直前の解消事由とその年月日を記入する。

《添付書類》
①外国方式により成立した旨の証書
②訳文【戸籍法施行規則63条】

《注意》
日本人が外国の様式によって婚姻する場合に婚姻要件具備証明書を求められたときの取扱いについては、ひとくちメモ⑰（102頁）による。

婚姻届

令和3 年 9 月 22日届出

富山県高岡市　　長 殿

受理 令和3 年 9 月 22日	発送	年 月 日
第　3434　号		長 印
送付 年 月 日		
第　号		

| 書類調査 | 戸籍記載 | 記載調査 | 調査票 | 附 票 | 住民票 | 通 知 |

	夫 に な る 人	妻 に な る 人	
氏 名 （よみかた）	へいかわ　つとむ　丙川　勉	セストソアルバラド、バージニア	
生 年 月 日	昭和60 年 8 月 21日	西暦1994 年 5 月 18日	
住 所 （住民登録をしているところ）	横浜市旭区柏町 113番地2	フィリピン共和国マニラ首都圏 パサイ市ロトンダ通り1800	
世帯主の氏名	丙川 勉	世帯主の氏名	
本 籍 （外国人のときは国籍だけを書いてください）	富山県高岡市福岡町 2 番地 筆頭者の氏名 丙川 幸男	フィリピン共和国 番地番 筆頭者の氏名	
父母及び養父母の氏名 父母との続き柄	父 丙川 幸男　続き柄 二男 母 桜	父 アルバラド、オーランド　続き柄 女 母 セストソ、カリダット	
（右記の養父母以外にも養父母がいる場合はその他の欄に書いてください）	養父 養母　続き柄 養子	養父 養母　続き柄 養女	
婚姻後の夫婦の氏・新しい本籍	□夫の氏 □妻の氏 新本籍（左の☑の人がすでに戸籍の筆頭者となっているときは書かないでください） 富山県高岡市福岡町2 番地番		
同居を始めたとき	令和3 年 9 月		
初婚・再婚の別	☑初婚 再婚（□死別 □離別 年 月 日）	☑初婚 再婚（□死別 □離別 年 月 日）	
同居を始める前の夫妻のそれぞれの世帯のおもな仕事と	夫 妻 1.農業だけまたは農業とその他の仕事を持っている世帯 2.自由業・商工業・サービス業等を個人で経営している世帯 3.企業・個人商店等（官公庁は除く）の常用勤労者世帯で勤め先の従業者数が1人から99人までの世帯（日々または1年未満の契約の雇用者は5） 4.3にあてはまらない常用勤労者世帯及び会社団体の役員の世帯（日々または1年未満の契約の雇用者は5） 5.1から4にあてはまらないその他の仕事をしている者のいる世帯 6.仕事をしている者のいない世帯		
夫妻の職業	（国勢調査の年…の年…の4月1日から翌年3月31日までに届出をするときだけ書いてください） 夫の職業	妻の職業	
その他	令和3 年 9 月 12日　フィリピン共和国の方式により婚姻成立 婚姻証書及び訳文		
届出人署名 （※押印は任意）	夫 丙川 勉 印	妻 印	
事件簿番号			

住所を定めた年月日		連絡先	電話 （　）
夫 年 月 日			自宅・勤務先 [ ]・携帯
妻 年 月 日			

（左欄の受付印・チェック欄）
令和 年 月 日 午前・午後 時 分受附
夫 □免 □旅 □住 □マ □その他（　）□無 □有 □無 不受理 通知 □要 □不要
妻 □免 □旅 □住 □マ □その他（　）□無 □有 □無 不受理 通知 □要 □不要
使者 □免 □旅 □住 □その他（　）送付 年 月 日
確認 通知

62

この婚姻証書は参考として掲載したものであり、記載例の内容とは合致しておりません。

【婚姻証書 表面】

【婚姻証書 裏面】

この婚姻証書は参考として掲載したものであり、記載例の内容とは合致しておりません。

地方自治体様式 No.97 (様式 No.15)
(改訂版 1993年1月)

フィリピン共和国
婚姻証明書

| 州： | マニラ首都圏 | 登録番号： |
| 市地方自治体： | パサイ市 | 2006-○○○ |

注：

総合民事登録官事務所
使用欄
地域住民参考 No.
（夫）
（妻）

契約当事者の氏名	姓 (夫) 名	姓 ミドル (妻) 名
	○○ ○○	○○○○ ○○○○
生年月日 年齢	○○○○年○月○日 ○○歳	1970年○月○日 ○○歳
出生地	日本国富山県魚津市	マニラ
性別	男性	女性
市民権	日本人	フィリピン人
本籍地	日本国○○○市○町	市○○○○
宗教	仏教	カトリック
身分	独身	独身
父親の氏名	○○	○○ ディ．○○ ジュニア
市民権	日本人	フィリピン人
母親の氏名	○○ ○○	○○ ティ．○○
市民権	日本人	フィリピン人
同意又は助言を与えた者		
続柄		
住所		

民事登録官事務所に於ける記入欄

結婚の場所　_____
　　　　　　ホテル
　　　　(事務所/家/地区/教会/モスク)
　　　　　　市　_____
　　　　　　住所

日付 2006年○月○日　　　時刻：午後4時00分
私、○○○、及び、○○○は共に法定年齢でありお互いの自由意思と責任に基づき、本婚姻挙式司宰者及び下記署名氏名の立会人の出席のもとに、互いに夫ならびに妻として本婚姻を交わした事を本書により証明します。更に又私達は：

☒ まだ婚姻状態に入っていない
☐ 既に、本書添付の書類の通り、婚姻状態に入っている。
証として私達婚姻名を、2006年○月○日 4通作成した本婚姻に署名 (或いは指紋捺印) 致しました。

○○○ (夫の署名)　　　　○○○ (妻の署名)

上記に掲げる場所及び期日に、上記婚姻当事者がお互いの同意のもとに本職の面前におき、法で定める年齢に達した下記証人立会いのもと、厳粛に挙式進行されたものであることを、ここに証明する。
本職は以下の事を証明する。
☒ 前述の婚姻当事者より、2006年10月○日○○市 において発行された婚姻許可書 No.○○○ が、提示された。
☐ 大統領令命 No.209号　条により司宰される婚姻、一切婚姻許可を必要としない。
☐ 結婚は当国大統領令 No.1083 の規定に従い司宰された婚姻。

○○○ (署名有り)
婚姻司宰者 (役職・職務)　牧師
　　　　　　　　　　　　　　婚姻許可番号；○○○　　　2007年○月○日
(特別な登録事項、有効期限の満了日、もし適用あれば)

(立会人)
○○○○○○○○
(各自の署名有り)

翻訳日： 2006年○月○日	翻訳者：○○○
○○○○○○○○○	TEL：（○○○）
○○○ Hotel Manila G/F ○○○ Roxas Blvd., ○○-city Philippines	

受理民事登録官事務所
地方民事登録局局員
(署名有り)
署名
○○○
氏名
二等登録事務官
役職名
2006年○月○日
日付

【訳文 表面】

(注意；本書はパサイ市民事登録官発行 登録 No.2006-○○○ No.○○○
○○○及び、○○○○○○○○ の婚姻証明書 裏面の翻訳)　○○○

フィリピン共和国
国家統計局
民事登録総局

本証は民事登録総局の謄本である。

本書により以下の事を証する；本書類は同書類を発行する権限を有する地方民事登録局、民事登録官により発行されたものである、又当民事登録官の権限は民事登録総局により確証済であり、又本書類に記載の同地方民意登録官の署名は、本局に公式に提出され管理・保管されている地方民事登録官の署名見本に告示されている。

N. S. O. の局章
National Statistic Office

認証日： 2006年○月○日	本証認証日： 2006年○月○日
認証者：	認証者：　　　　　(署名有り)
民事登録総局 (署名有り) ○○○	
二等統計調整事務員	

＊本証右下部に本証認証者の署名有り

○○○　パサイ市民事登録官		
翻訳日： 2006年○月○日		翻訳者：○○○
○○○ ○○○ INC.		TEL：○○○
Hyatt Regency Hotel Manila G/F 2702 Roxas Blvd., Pasay-city Philippines		

【訳文 裏面】

○出生による国籍取得に関する各国法制一覧④

国名　ス〜ト（アイウエオ順）

〔凡例〕
1　※印を付した国は、最新の法令を調査中の国である。
2　「根拠法令」欄に「調査中」とあるのは、当該外国の国籍関係法令が不明なものである。
3　国名の配列は五十音順とした。なお、国名は正式名称により表記したが、必要に応じ略称等をカッコ書きで付記した。
4　生地主義……生地主義について○印を付した上、いわゆる条件付生地主義の場合は、カッコ書きで条件の主な内容を明示した。
　　（注）　いわゆる補充的生地主義については、これにより重国籍となる事例が乏しいため、記載を省略した。
5　血統主義……血統主義については、当該国内で出生した場合と当該国外で出生した場合とに分け、いわゆる父母両系主義は「両系」と、父系主義は「父系」とそれぞれ略記し、出生登録、居住等の条件が付されている場合は「両系」のように×印を肩書した。なお、条件の内容について確認できるものにつき表記した。

国　　　名	生地主義	血統主義		根拠法令(制定及び改正年月日)及び条件等
		国内で出生	国外で出生	
スロベニア共和国		両系	×両系	市民権法（1994. 3. 10）3条、4条、5条、9条 両親の一方がスロヴェニア共和国市民であり他の一方が外国人である、外国で出生した子は、18回目の誕生日の前にスロヴェニア市民として登録されたとき、または18歳となる前にスロヴェニア市民の親と帰国し現実に国内に常居所を取得したときに血統によりスロヴェニア市民権を取得する。
※スワジランド王国				（調査中）
※赤道ギニア共和国				（調査中）
※セーシェル共和国	○（父母の一方が市民でない者は取得しない）		両系	憲法（1979. 3. 26）10条、11条、13条
※セネガル共和国		父系	父系	国籍法（1961. 3. 7）5条
※セルビア・モンテネグロ		両系	×両系	国籍法（1976. 12. 24）4条、5条 18歳に達する前に登録する必要がある。
セントビンセント及びグレナディーン諸島	○	母系	不明	憲法（1979. 10. 27）91条 市民権法（1984. 5. 17）4条 父が交戦国の国民であって、その国の占領下にある場所で生まれた者はセントビンセント市民権を取得しない。ただし、この場合であっても、母がセントビンセント市民であれば、セントビンセント市民権を取得する。
セントクリストファー・ネーヴィス		両系	両系	憲法（1983年）90条
セントルシア			両系	憲法100条、101条
※ソマリア民主共和国		父系	父系	市民権法（1962. 12. 22）2条
ソロモン諸島		両系	両系	憲法（1978. 7. 7）22条
タイ王国		両系	両系	国籍法（1992. 2. 26、2008. 2. 19（2008. 2. 28施行））7条、7条の2、8条
大韓民国（韓国）		両系	両系	国籍法（1948. 12. 20、1997. 12. 13改正）2条
タンザニア連合共和国（旧、タンガニイカ）	○		父系	市民権法（1961、1970. 7. 25改正）3条、4条
チェコ共和国		両系	両系	市民権の取得及び喪失に関する法律（1992. 12. 29、1995. 6. 28改正）3条
※チャド共和国		父系	父系	国籍法（1961. 2）8条
中央アフリカ共和国	○（父母共に国民でない者は取得しない）		両系	国籍法（1961. 5. 27）6条、7条、8条
中華人民共和国（中国）		両系	×両系	国籍法（1980. 9. 10）4条、5条 父母の双方もしくは一方が中国公民で、かつ外国に住所を有し本人が生まれたときに外国籍を取得した者は中国籍を有しない。
チュニジア共和国		両系	父系	国籍法（1963. 2. 28、1975. 11. 14改正）6条、7条
チリ共和国	○（一時的在住者の子は取得しない）		×両系	憲法（1973、1980改正）10条 チリ人の父又は母の子として外国で生まれた者であって、チリに1年以上定住した事実がある者でなければ取得しない。
ツバル		両系	×両系	憲法（1978. 10. 1発効、1990改正）45条
デンマーク王国		両系	両系	市民権法（1950. 5. 27、1991. 6. 17改正）1条
ドイツ連邦共和国	○（父母が外国人でその一方が8年以上ドイツに常居し、無期限の滞在権を有しているとき）	両系	×両系	国籍に関する法律（1913. 7. 22、1999. 7. 15改正まで）4条 ドイツ人である父母の一方が、1999年12月31日より後に国外で出生し、かつ国外に常居所を有する場合は、子は無国籍となると見込まれるときを除き、国外で出生した子はドイツ国籍を取得しない。ただし、ドイツ人である父母の一方が1年以内に在外公館に届け出たときはドイツ国籍を取得する。
※トーゴ共和国		両系	両系	国籍法（1961. 7. 25）5条、6条
※ドミニカ国				（調査中）

婚姻届5　外国に在る日本人男女が所在国の方式に従ってした婚姻証書の謄本が夫の本籍地の市区町村長に送付された場合

送付を受けた市区町村で届書が送付されてきた日を記入する。

届出時に外国に在住する場合は、その所在国における住所又は居所を記入する（ひとくちメモ㉖（104頁）参照）。

届出時に在籍する戸籍を記入する。

届出時の父母の氏名を記入する。

養子縁組が継続中の最後の養父母の氏名を記入する。

その他欄には、外国の方式により婚姻が成立した旨及び成立の年月日、提出書類を記入する。

婚　姻　届

受理	令和3年9月7日
第	29　号
送付	令和3年9月22日
第	620　号

令和3 年 9 月 7 日届出

在オーストリア　　　長 殿
日本国大使

書類調査	戸籍記載	記載調査	調査票	財票	住民票	通知

	夫 に な る 人	妻 に な る 人	
（よみかた）氏　名	こうの　とおる　甲野　徹	おっかわ　かおるこ　乙川　薫子	
生年月日	昭和63年4月17日	平成8年4月17日	
住所（住民登録をしているところ）	オーストリア共和国ウィーン州 ウィーン市クリヘンガッセ	夫に同じ	
世帯主の氏名			
本籍（外国人のときは、国籍だけを書いてください）	富山県射水市新開発 410番地	岐阜県大垣市丸の内 1丁目19番地	
筆頭者の氏名	甲野　二郎	乙川　進	
父母及び養父母の氏名 父母との続き柄	父 甲野　二郎 母 美智子	続き柄 長男	父 乙川　進 母 幸子	続き柄 長女
	養父 養母	続き柄 養子	養父 養母	続き柄 養女
婚姻後の夫婦の氏・新しい本籍	☑夫の氏 □妻の氏 新本籍（左の☑の氏の人がすでに戸籍の筆頭者となっているときは書かないでください） 富山県射水市新開発410番地		
同居を始めたとき	令和3年9月		
初婚・再婚の別	☑初婚 再婚（□死別 □離別　年 月 日）	☑初婚 再婚（□死別 □離別　年 月 日）	
同居を始める前の夫妻のそれぞれの世帯のおもな仕事と	夫 妻 1. 農業だけまたは農業とその他の仕事を持っている世帯 夫 妻 2. 自由業・商工業・サービス業等を個人で経営している世帯 夫 妻 3. 企業・個人商店等（官公庁は除く）の常用勤労者世帯で勤め先の従業者数が1人から99人までの世帯（日々または1年未満の契約の雇用者は5） 夫 妻 4. 3にあてはまらない常用勤労者世帯及び会社団体の役員の世帯（日々または1年未満の契約の雇用者は5） 夫 妻 5. 1から4にあてはまらないその他の仕事をしている者のいる世帯 夫 妻 6. 仕事をしている者のいない世帯		
夫妻の職業	（国勢調査の年…　　年…の4月1日から翌年3月31日までに届出をするときだけ書いてください） 夫の職業	妻の職業	
その他	令和3年9月7日　オーストリア国の方式により婚姻成立 ウィーン市旧市街戸籍役場発給の婚姻証明書及び同訳文添付		
届出人署名（※押印は任意）	夫 甲野　徹　㊞	妻 乙川　薫子　㊞	
事件簿番号			

令和　年　月　日 午前・午後　時　分受領	
夫	□免 □旅 □住 □マ □その他 □無（　）
	通□要 □不要
	□有 □無
妻	□免 □旅 □住 □マ □その他 □無（　）
	通□要 □不要
	□有 □無
使者	□免 □旅 □住 □マ □その他 □無（　）
	通□要 □不要
	付　年　月　日
確認	通知

住所を定めた年月日	連絡先	電話（　）
夫　年　月　日		自宅・勤務先［　　］・携帯
妻　年　月　日		

日本人同士の婚姻について外国の方式による婚姻証書を提出する場合は夫婦の称する氏【民法750条】、夫婦の新本籍【戸籍法16条、同法30条1項】等を夫婦協議の上届け出る（昭25・1・23民事甲145号回答）。
この場合、報告的届出ではあるが、夫婦の氏及び新本籍については、創設的届出となるので、夫婦共同で届け出ることとなる。

《添付書類》
①外国の方式により成立した旨の証書
②訳文【戸籍法施行規則63条】

《注意》
日本人が外国の様式によって婚姻する場合に婚姻要件具備証明書を求められたときの取扱いについては、ひとくちメモ⑰（102頁）による。

この婚姻証明書は参考として掲載したものであり、記載例の内容とは合致しておりません。

REPUBLIK ÖSTERREICH

Land Wien

Behörde   Standesamt Wien-Innere Stadt

Nummer der Eintragung   495/1990

HEIRATSURKUNDE

MANN

Familienname nach der Eheschließung	Kouno -x-
Vornamen	Tooru -x-
Familienname vor der Eheschließung	Kouno -x-
Wohnort	Toyama, Toyama-ken, Japan -x-
Tag und Ort der Geburt	7. April 1957 , Yamagata-ken, Japan -x-
Eintragung der Geburt	Familienregister Kosugi 235/1990 -x-

FRAU

Familienname nach der Eheschließung	Kouno -x-
Vornamen	kaoruko -x-
Familienname vor der Eheschließung	Kouno -x-
Wohnort	, Japan -x-
Tag und Ort der Geburt	16. Februar 1965 , Toyama-ken, Japan -x-
Eintragung der Geburt	Familienregister ., Oogaki 233/1990 -x-
Tag und Ort der Eheschließung	19. Juli 1990 Wien -x-
Sonstige Angaben	-x-

19. Juli 1990

(Tag der Ausstellung)

OAR

(Standesbeamter)

AO 5220 – 10 – 877 – 122096 – 20   DVR: 0000191   8a

オーストリア共和国
ウィーン州
役所：シュタンデスアムト／イネンシュタット
登録ナンバー：495/1990

婚姻証明書

≪男　性≫

婚姻後の性：甲　野
名　　　　：徹
住所　　　：ウィーン州ウィーン市クリヘンガッセ
宗教　　　：な　し
出生の年月日と場所：山形県山形市・昭和32年4月7日
出生登録（本籍地）：富山県射水市

≪女　性≫

婚姻後の性：甲　野
名　　　　：薫　子
住所　　　：ウィーン州ウィーン市クリヘンガッセ
宗教　　　：な　し
出生の年月日と場所：富山県富山市・昭和40年2月16日
出生登録（本籍地）：岐阜県大垣市

婚姻成立の年月日と場所：1990年7月19日・ウィーン

婚証明書発行：
　　　　　　　　　　　シュタンデスアムト（サイン）

翻訳者　甲　野　徹

婚姻届6　韓国人同士の婚姻届を所在地の市区町村長に届け出た場合

届出により効力が発生するので、必ず記入する。

韓国において氏名を漢字で表記しており、それが正しい日本文字としての漢字であるもの以外は片仮名で記入する（本人が韓国戸籍に登載されている場合）。
外国人の生年月日は西暦で記入する。

住民登録をしているところを記入する。

養子縁組が継続中の最後の養父母の氏名を記入する。

戸籍が編製されないことから記入は不要である。

外国人の署名は原則として本国文字で行う。日本文字を常用している場合は、日本語による署名（本国名を日本語表記した場合に限る）でも差し支えない。

届書を受領した日を記入する。

受附番号は、受理の日にかかわらず、受附帳の記載順に記入する。

本国に登録されていない場合は、在留カードの記載と合わせる。

家族関係証明書の記載と合わせる。

婚姻届

令和3　年 9　月 22 日届出

富山市　長 殿

	受理 令和3 年 9 月 22 日	発送 年 月 日
	第　21　号	長印
	送付 年 月 日	
	第　号	
	書類調査 戸籍記載 記載調査 調査票 附票 住民票 通知	

		夫 に な る 人	妻 に な る 人
（よみかた）		り　　ひろゆき	きん　　あけみ
氏	名	李　　浩之	金　　明美
生年月日		西暦1988 年 1 月 21 日	西暦1993 年 9 月 6 日
住	所	富山市新総曲輪 1番7号	夫に同じ
（住民登録をしているところ） 世帯主の氏名		李 浩之	
本	籍	韓国	韓国
（外国人のときは国籍だけを書いてください）		番地 番	番地 番
	筆頭者の氏名		
父母及び養父母の氏名 父母との続き柄 （他の養父母以外にも養父母がいる場合にはその他の欄に書いてください）		父 李 淳二　続き柄 男	父 金 明夫　続き柄 女
		母 柳 淑礼	母 朴 根順
		養父　続き柄 養子	養父　続き柄 養女
		養母	養母
婚姻後の夫婦の氏・新しい本籍		□夫の氏　新本籍（左の囲の氏の人がすでに戸籍の筆頭者となっているときは書かないでください）	
		□妻の氏	番地 番
同居を始めたとき		令和3 年 9 月	
初婚・再婚の別		☑初婚 □再婚（□死別 年 月 日 / □離別）	☑初婚 □再婚（□死別 年 月 日 / □離別）
同居を始める前の夫妻のそれぞれの世帯のおもな仕事と		夫 妻 1. 農業だけまたは農業とその他の仕事を持っている世帯	
		夫 妻 2. 自由業・商工業・サービス業等を個人で経営している世帯	
		夫 妻 3. 企業・個人商店等（官公庁は除く）の常用勤労者世帯で勤め先の従業者数が1人から99人までの世帯（日々または1年未満の契約の雇用者は5）	
		夫 妻 4. 3にあてはまらない常用勤労者世帯及び会社団体の役員のいる世帯（日々または1年未満の契約の雇用者は5）	
		夫 妻 5. 1から4にあてはまらないその他の仕事をしている者のいる世帯	
		夫 妻 6. 仕事をしている者のいない世帯	
		（国勢調査の年…　年…の4月1日から翌年3月31日までに届出をするときだけ書いてください）	
夫妻の職業		夫の職業	妻の職業
その他		夫及び妻の婚姻関係証明書及び家族関係証明書並びに訳文 夫及び妻の基本証明書及び訳文 夫及び妻の外国人住民票	
届出人署名 （※押印は任意）	夫	李 浩之　印	妻 金 明美　印
事件簿番号			

住所を定めた年月日		連絡先	電話（　）
夫	年 月 日		自宅・勤務先 [ ]・携帯
妻	年 月 日		

令和 年 月 日 午前 午後 時 分受領			
夫	□免 □旅 □住 □マ □その他（ ）□無		
	名を得 □有 □無		
	通知 □要 □不要		
妻	□免 □旅 □住 □マ □その他（ ）□無		
	□有 □無		
	通知 □要 □不要		
使者	□免 □旅 □住 □マ □その他（ ）□無		
不受理			
送付 令和 年			
確認 通知			

届出地は当事者の所在地である【戸籍法25条2項】。

《添付書類》
①国籍を証する書面（国籍証明書又は旅券の写し）
②要件具備証明書（注意参照）
③訳文【戸籍法施行規則63条】
④外国人住民票、又は在留カード

《注意》
韓国人について事件本人の婚姻関係証明書及び基本証明書（成年被後見人又は未成年者の場合で、父母が同意している場合は家族関係証明書も添付）が添付されていれば、韓国の婚姻要件は明らかであるので、市区町村長が韓国の実質的成立要件を満たしているかどうかの審査を行い処理して差し支えない。
その他にも婚姻要件具備証明書に代わるものがある（ひとくちメモ⑳（103頁））。

成人の証人２名を要する【民法739条２項】。
証人は本国法上成年とされる外国人でもよい。

外国人が証人となるときは、署名は本国語を用い、フルネームで記入する。
外国人のときは、生年月日は西暦で記入する。

	証	人
署　名 （※押印は任意）	李　淳二　　㊞	丙川　努　　㊞
生 年 月 日	西暦1974年　12月　29日	昭和57年　12月　20日
住　　　所	富山市新桜町 7番38号	富山県高岡市中川本町 10番21号
本　　　籍	韓国 　　　　　番地 　　　　　番	富山県高岡市中川本町 10　番地 　　番

→「筆頭者の氏名」には、戸籍のはじめに記載されている人の氏名を書いてください。

→□には、あてはまるものに☑のようにしるしをつけてください。
　外国人と婚姻する人が、まだ戸籍の筆頭者となっていない場合には、新しい戸籍がつくられますので、希望する本籍を書いてください。

→再婚のときは、直前の婚姻について書いてください。
　内縁のものはふくまれません。

届け出られた事項は、人口動態調査（統計法に基づく基幹統計調査、厚生労働省所管）にも用いられます。

証人の住民登録をしているところを記入する。

証人の本籍を記入する。
外国人のときは国籍を有する国名を記入する。
国名は略称でもよい（昭49・２・９民二988号回答）。

外国人の身分関係の公証については、ひとくちメモ⑲
　（102頁）を参照。

出生他
縁組他
離縁他
外国人氏変
離婚他
死亡
外国人氏変への
親権

外国人との婚姻による氏の変更届1（戸籍法107条2項の届）

外国人男と婚姻し既に戸籍の筆頭者となっている日本人女から戸籍法107条2項による氏の変更届があった場合

婚姻による氏の変更については、ひとくちメモ㉑（103頁）を参照。

この届出は婚姻の日から6か月以内に届け出ることを要する【戸籍法107条2項】。

届出地は事件本人の本籍地又は所在地である【戸籍法25条】。

①外国人配偶者の称している氏のうち、子に承継されない部分を除いたものを変更後の氏とする。また、通称名への変更は認められない（昭59・11・1民二5500号通達）。
②届出人に上記①の内容を確認する。
③届出人の身分事項欄に記載された外国人配偶者の称している氏を片仮名で記入する。

外国人配偶者のフルネームで表記する。
ミドルネームを有する場合にそれが氏に相当するものであれば氏の冒頭に記入する（ひとくちメモ②（97頁）、ひとくちメモ③（98頁）参照）。

①氏を変更する者の子の父母欄の氏を更正するときはこのように記入する（注意参照）。
②他の戸籍にある場合は子の氏名、戸籍の表示、父母との続柄を記入する。

届出人は氏を変更する者である。
変更前の氏で署名すべきであるが、変更後の氏により署名されていても訂正しなくてよい。

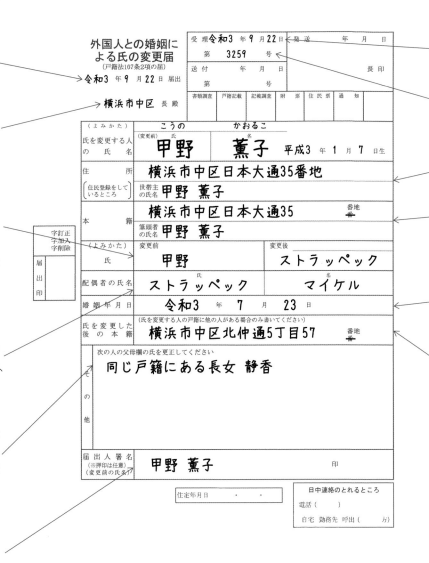

届出地の市区町村で届書を受領した日を記入する。

受附番号は、受理の日にかかわらず、受附帳の記載順に記入する。

届出時に住民登録をしているところを記入する。

届出時に在籍する戸籍を記入する。

戸籍に記載されている婚姻成立の日である。
①日本の方式…届出の日
②外国の方式…その方式が行われた日
（この日を初日として、6か月以内に届け出ることができる。）

届出時の戸籍に他の同籍者がいる場合のみ記入する（注意参照）。

《注意》
①外国人と婚姻した者が婚姻成立後6か月以内に届け出る場合に限り、家庭裁判所の許可を必要とせずに、外国人配偶者の称している氏への変更の届出ができる。ただし、通称名への変更は認められない。
②この氏変更の効果は他の同籍者には及ばないから、届出人につき新戸籍が編製される。
なお、同籍者は、母と同籍する入籍届により、母の新戸籍に入籍することができる。

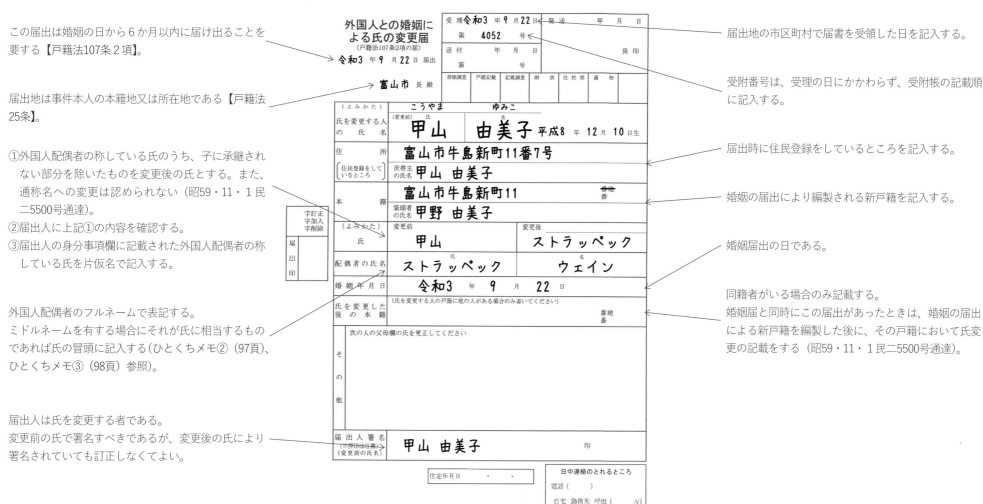

外国人との婚姻による氏の変更届2（戸籍法107条2項の届）

外国人男との婚姻届と同時に日本人女から戸籍法107条2項による氏の変更届があった場合

婚姻による氏の変更については、ひとくちメモ㉑（103頁）を参照。

この届出は婚姻の日から6か月以内に届け出ることを要する【戸籍法107条2項】。

届出地は事件本人の本籍地又は所在地である【戸籍法25条】。

①外国人配偶者の称している氏のうち、子に承継されない部分を除いたものを変更後の氏とする。また、通称名への変更は認められない（昭59・11・1民二5500号通達）。
②届出人に上記①の内容を確認する。
③届出人の身分事項欄に記載された外国人配偶者の称している氏を片仮名で記入する。

外国人配偶者のフルネームで表記する。
ミドルネームを有する場合にそれが氏に相当するものであれば氏の冒頭に記入する(ひとくちメモ②（97頁）、ひとくちメモ③（98頁）参照）。

届出人は氏を変更する者である。
変更前の氏で署名すべきであるが、変更後の氏により署名されていても訂正しなくてよい。

届出地の市区町村で届書を受領した日を記入する。

受附番号は、受理の日にかかわらず、受附帳の記載順に記入する。

届出時に住民登録をしているところを記入する。

婚姻の届出により編製される新戸籍を記入する。

婚姻届出の日である。

同籍者がいる場合のみ記載する。
婚姻届と同時にこの届出があったときは、婚姻の届出による新戸籍を編製した後に、その戸籍において氏変更の記載をする（昭59・11・1民二5500号通達）。

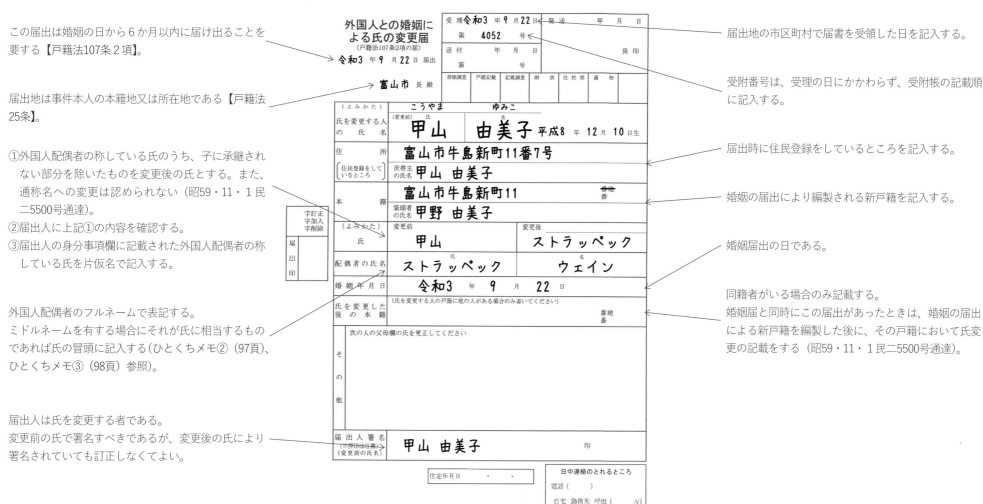

71

離婚届 1　韓国人夫と日本人妻の協議離婚届を妻の所在地の市区町村長に届け出た場合

受附番号は、受理の日にかかわらず、受附帳の記載順に記入する。

届出により効力が発生するので、必ず記入する。

受附番号は、送付の日にかかわらず、受附帳の記載順に記入する。

漢字を使用している国の外国人の氏名については、それが正しい日本文字であるものについてはそのまま、そうでないものは片仮名で記入する（昭59・11・1民二5500号通達）。
外国人の生年月日は西暦で記入する。

住民登録をしているところを記入する。

外国人については国籍を有する国の国名を記入する。国名は略称でもよい（昭49・2・9民二988号回答）。

日本人については、届出時に在籍する戸籍を記入する。

日本人の戸籍は外国人配偶者と離婚しても戸籍の変動はないので、この欄の記入は不要。

署名は外国人の本国語を用いる。
通称名を常用している場合でも本国名で署名する。
日本文字を常用している場合は、日本語による署名(本国名を日本語表記した場合に限る)でも差し支えない。

届出地の市区町村で届書を受領した日を記入する。

届書を市区町村に送付するときに記入する。
謄本を作成して送付するときは「これは謄本である」と付記し、職名を記入し職印を押印する【戸籍法施行規則67条、同規則12条2項、3項】。
原本を送付し謄本を自庁で保管する場合であってもこの謄本証明をする。

送付を受けた市区町村で届書が送付されてきた日を記入する。

住民登録をしているところを記入する。

養子縁組が継続中の最後の養父母の氏名を記入する。その他の養父母の氏名はその他欄へ記入する。

日本人配偶者が日本に常居所（ひとくちメモ㉓（103頁）参照）を有するときは、民法の定める協議離婚をすることができる【法の適用に関する通則法27条ただし書】。

父又は母が日本人で日本国籍を有する未成年の子がいるときは、民法の規定により協議で親権者を定めなければならない【法の適用に関する通則法32条、民法819条1項】。それぞれ親権を行う子の氏名を記入する。

離婚前に同居していたときの住所を記入する。

《添付書類》
①旅券の写し
②住民票

離　婚　届

令和3年 9月 20日届出

京都市上京区 長 殿

受理 令和3年9月20日	発送 令和3年9月20日	
第 4890 号	京都市上京区 長印	
送付 令和3年9月22日		
第 2012 号		
書類調査 戸籍記載 記載調査 調査票 附票 住民票 通知		

（よみかた）	夫 り　しょうけい	妻 こうもと　ひろこ
氏　名	李　鐘圭	甲本　弘子
生年月日	西暦1984年 7月 18日	昭和54年 1月 22日
住所（住民登録をしているところ）	京都市左京区松ヶ崎　堂ノ上町7番地2	京都市上京区上生洲町　197番地
世帯主の氏名	李　鐘圭	甲本　弘子
本籍（外国人のときは国籍だけを書いてください）	富山県魚津市本町3　番地番	
筆頭者の氏名	甲本　弘子　夫の国籍 韓国	

父母及び養父母の氏名　父母との続き柄	夫の父 李　慶奉	続き柄 男	妻の父 甲本　進	続き柄 二女
	母 羅　徳礼		母 梅子	
右記の養父母以外にも養父母がいる場合にはその他の欄に書いてください	養父	続き柄 養子	養父	続き柄 養女
	養母		養母	

離婚の種別	☑協議離婚　□調停　年 月 日成立　□審判 年 月 日確定	□和解 年 月 日成立　□請求の認諾 年 月 日認諾　□判決 年 月 日確定
婚姻前の氏にもどる者の本籍	☑夫 は □もとの戸籍にもどる　□妻 □新しい戸籍をつくる	番地 筆頭者の氏名 番 の氏名
未成年の子の氏名	夫が親権を行なう子	妻が親権を行なう子 甲本　純一
同居の期間	平成22年 10月 から	令和3年 6月 まで
別居する前の住所	京都市上京区上生洲町197　番地番　号号	
別居する前の世帯のおもな仕事と	□1.農業だけまたは農業とその他の仕事を持っている世帯　□2.自由業・商工業・サービス業等を個人で経営している世帯　□3.企業・個人商店等（官公庁を除く）の常用勤労者世帯で勤め先の従業者数が1人から99人までの世帯（日々または1年未満の契約の雇用者5）　□4.3にあてはまらない常用勤労者世帯及び会社団体の役員の世帯（日々または1年未満の契約の雇用者5）　□5.1から4にあてはまらないその他の仕事をしている者のいる世帯　□6.仕事をしている者のいない世帯	
夫妻の職業	（国勢調査の年…　年…の4月1日から翌年3月31日までに届出をするときだけ書いてください）　夫の職業	妻の職業
その他		

届出人署名（※押印は任意）	夫 李　鐘圭　印	妻 甲本　弘子　印

事件簿番号		住所を定めた年月日 夫 年 月 日 妻 年 月 日	連絡先 電話（　） 自宅・勤務先[　]・携帯

左側欄外：
令和 年 月 分受附　午前 午後　時

夫	□免 □旅 □住　□マ　□その他（ ）□無
不受理	□有 □無
通知	□要 □不要
妻	□免 □旅 □住　□マ　□その他（ ）□無
不受理	□有 □無
通知	□要 □不要
使者	□免 □旅 □住　□マ　□その他（ ）□無
送付	令和 年 月 日
確認	通知

外国人が証人となるときは、署名は本国語を用い、フルネームで記入する。
外国人の生年月日は西暦で記入する。

協議離婚のときは、成人の証人2名を要する【民法764条、同法739条2項】。
証人は成年に達した外国人でもよい。

証人の住民登録をしているところを記入する。

証　　人　(協議離婚のときだけ必要です)		
署名 (※押印は任意)	乙本 一郎　㊞	李 慶奉　㊞
生年月日	昭和55年9月8日	西暦1954年9月22日
住所	京都市下京区東塩小路町 608番地8	京都市左京区松ヶ崎 堂ノ上町7番地2
本籍	長野県上田市踏入1丁目 3　番地 番	韓国 番地 番

証人の本籍を記入する。
外国人のときは、国籍を有する国の国名を記入する。
国名は略称でもよい（昭49・2・9民二988号回答）。

□には、あてはまるものに☑のようにしるしをつけてください。

今後も離婚の際に称していた氏を称する場合には、左の欄には何も記載しないでください（この場合にはこの離婚届と同時に別の届書を提出する必要があります。）。

同居を始めたときの年月は、結婚式をあげた年月または同居を始めた年月のうち早いほうを書いてください。

届け出られた事項は、人口動態調査（統計法に基づく基幹統計調査、厚生労働省所管）にも用いられます。

未成年の子がいる場合は面会交流の取決めの有無欄に「✓」印をつける。
経済的に自立していない子（未成年の子に限られない）がいる場合は養育費の公正証書による取決めの有無欄に「✓」印をつける。
ただし、記入がなくても届出を受理して差し支えない。

父母が離婚するときは、面会交流や養育費の分担など子の監護に必要な事項についても父母の協議で定めることとされています。この場合には、子の利益を最も優先して考えなければならないこととされています。

・未成年の子がいる場合は、次の□のあてはまるものにしるしをつけてください。
　☑面会交流について取決めをしている。　　　面会交流：未成年の子と離れて暮らしている親が子と定期的、
　□まだ決めていない。　　　　　　　　　　　継続的に、会って話をしたり、一緒に遊んだり、電話や手紙
　　　　　　　　　　　　　　　　　　　　　などの方法で交流すること。

・経済的に自立していない子（未成年の子に限られません）がいる場合は、次の□のあてはまるものにしるしをつけてください。
　☑養育費の分担について取決めをしている。　養育費：経済的に自立していない子（例えば、アルバイト等
　　取決め方法：（☑公正証書　□それ以外）　による収入があっても該当する場合があります）の衣食住に
　　　　　　　　　　　　　　　　　　　　　必要な経費、教育費、医療費など。
　□まだ決めていない。

このチェック欄についての法務省の解説動画

詳しくは、各市区町村の窓口において配布している「子どもの養育に関する合意書作成の手引きとQ&A」をご覧ください。面会交流や養育費のほか、財産分与、年金分割等、離婚をするときに考えておくべきことをまとめた情報を法務省ホームページ内にも掲載しています。

🔍法務省 離婚　　　　　法務省作成のパンフレット

日本司法支援センター(法テラス)では、面会交流の取決めや養育費の分担など離婚をめぐる問題について、相談窓口等の情報を無料で提供しています。無料法律相談や弁護士費用等の立替えをご利用いただける場合もありますので、お問い合わせください。

【法テラス・サポートダイヤル】0570-078374　【公式ホームページ】https://www.houterasu.or.jp

73

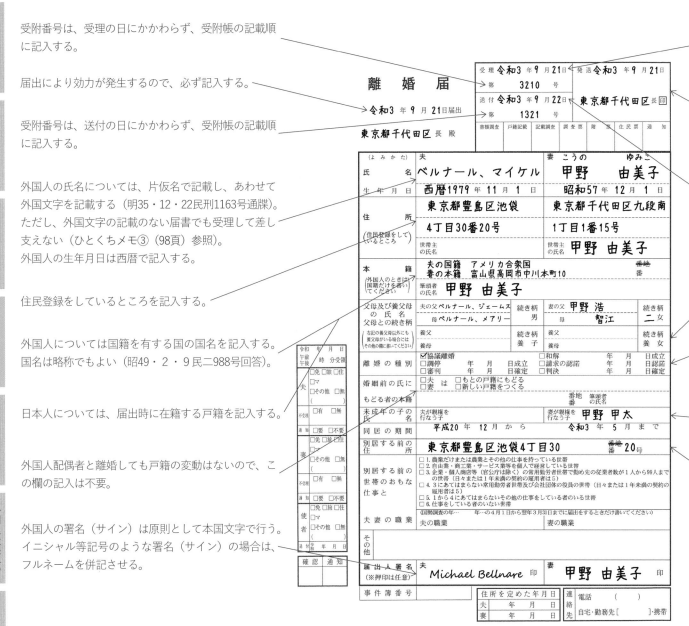

離婚届2 アメリカ人夫と日本人妻の協議離婚届を妻の住所地の市区町村長に届け出た場合

受附番号は、受理の日にかかわらず、受附帳の記載順に記入する。

届出により効力が発生するので、必ず記入する。

受附番号は、送付の日にかかわらず、受附帳の記載順に記入する。

外国人の氏名については、片仮名で記載し、あわせて外国文字を記載する（明35・12・22民刑1163号通牒）。ただし、外国文字の記載のない届書でも受理して差し支えない（ひとくちメモ③（98頁）参照）。外国人の生年月日は西暦で記入する。

住民登録をしているところを記入する。

外国人については国籍を有する国の国名を記入する。国名は略称でもよい（昭49・2・9民二988号回答）。

日本人については、届出時に在籍する戸籍を記入する。

外国人配偶者と離婚しても戸籍の変動はないので、この欄の記入は不要。

外国人の署名（サイン）は原則として本国文字で行う。イニシャル等記号のような署名（サイン）の場合は、フルネームを併記させる。

届出地の市区町村で届書を受領した日を記入する。

届書を市区町村に送付するときに記入する。謄本を作成して送付するときは「これは謄本である」と付記し、職名を記入し職印を押印する【戸籍法施行規則67条、同規則12条2項、3項】。原本を送付し謄本を自庁で保管する場合であってもこの謄本証明をする。

送付を受けた市区町村で届書が送付されてきた日を記入する。

養子縁組が継続中の最後の養父母の氏名を記入する。その他の養父母の氏名はその他欄へ記入する。

日本人配偶者が日本に常居所（ひとくちメモ㉓（103頁）参照）を有するときは、民法の定める協議離婚をすることができる【法の適用に関する通則法27条ただし書】。

父又は母が日本人で日本国籍を有する未成年の子がいるときは、民法の規定により協議で親権者を定めなければならない【法の適用に関する通則法32条、民法819条1項】。それぞれ親権を行う子の氏名を記入する。

離婚前に同居していたときの住所を記入する。

《添付書類》
①旅券の写し
②住民票

協議離婚のときは、成人の証人２名を要する【民法764条、同法739条２項】。
証人は成年に達した外国人でもよい。

証人の住民登録をしているところを記入する。

証人の本籍を記入する。
外国人のときは、国籍を有する国の国名を記入する。
国名は略称でもよい（昭49・2・9民二988号回答）。

証　人 (協議離婚のときだけ必要です)	
署　名 (※押印は任意)	甲野 則夫　印　丙川 孝子　印
生 年 月 日	昭和54年 8 月 18日　昭和41年 5 月 26日
住　　　所	東京都中野区野方1丁目　東京都世田谷区若林 34番1号　4丁目22番13号
本　　　籍	東京都杉並区今川2丁目　東京都世田谷区若林 　　1 番地番　4丁目22 番地番

□には、あてはまるものに☑のようにしるしをつけてください。

今後も離婚の際に称していた氏を称する場合には、左の欄には何も記載しないでください（この場合にはこの離婚届と同時に別の届書を提出する必要があります。）。

同居を始めたときの年月は、結婚式をあげた年月または同居を始めた年月のうち早いほうを書いてください。

届け出られた事項は、人口動態調査（統計法に基づく基幹統計調査、厚生労働省所管）にも用いられます。

未成年の子がいる場合は面会交流の取決めの有無欄に「✓」印をつける。
経済的に自立していない子（未成年の子に限られない）がいる場合は養育費の公正証書による取決めの有無欄に「✓」印をつける。
ただし、記入がなくても届出を受理して差し支えない。

父母が離婚するときは、面会交流や養育費の分担など子の監護に必要な事項についても父母の協議で定めることとされています。この場合には、子の利益を最も優先して考えなければならないこととされています。

・未成年の子がいる場合は、次の□のあてはまるものにしるしをつけてください。
　□面会交流について取決めをしている。　　面会交流：未成年の子と離れて暮らしている親が子と定期的、
　☑まだ決めていない。　　　　　　　　　　継続的に、会って話をしたり、一緒に遊んだり、電話や手紙などの方法で交流すること。

・経済的に自立していない子（未成年の子に限られません）がいる場合は、次の□のあてはまるものにしるしをつけてください。
　□養育費の分担について取決めをしている。　　養育費：経済的に自立していない子（例えば、アルバイト等
　　取決め方法：（□公正証書 □それ以外）　　　による収入があっても該当する場合があります）の衣食住に必要な経費、教育費、医療費など。

　☑まだ決めていない。
　　　　　　　　　　　　　　　　　　　　このチェック欄についての法務省の解説動画

詳しくは、各市区町村の窓口において配布している「子どもの養育に関する合意書作成の手引きとQ＆A」をご覧ください。面会交流や養育費のほか、財産分与、年金分割等、離婚をするときに考えておくべきことをまとめた情報を法務省ホームページ内にも掲載しています。

 法務省 離婚　　　　　法務省作成のパンフレット

日本司法支援センター（法テラス）では、面会交流の取決めや養育費の分担など離婚をめぐる問題について、相談窓口等の情報を無料で提供しています。無料法律相談や弁護士費用等の立替えをご利用いただける場合もありますので、お問い合わせください。
【法テラス・サポートダイヤル】0570-078374 【公式ホームページ】https://www.houterasu.or.jp

離婚届3　外国人夫と日本人妻の離婚の裁判が確定し、妻の本籍地の市区町村長にその届出があった場合

裁判が確定した日から10日以内に届け出なければならない【戸籍法77条、同法63条1項】（ひとくちメモ㉔（104頁）参照）。

外国人の氏名については、片仮名で記載し、あわせて外国文字を記載する（明35・12・22民刑1163号通牒）。ただし、外国文字の記載のない届書でも受理して差し支えない（ひとくちメモ③（98頁）参照）。
外国人の生年月日は西暦で記入する。

住民登録をしているところを記入する。

裁判離婚であるので、「判決」に「✓」印をつけ、その確定した年月日を記入する。

裁判離婚により夫（父）又は妻（母）が親権者と指定された子の氏名を記入する。

離婚の裁判の申立人が届出人となる【戸籍法77条、同法63条1項】。

届書を受領した日を記入する。

受附番号は、受理の日にかかわらず、受附帳の記載順に記入する。

外国人については届出時に国籍を有する国の国名を記入する。国名は略称でもよい（昭49・2・9民二988号回答）。

日本人については、届出時に在籍する戸籍を記入する。

届出時の父母の氏名を記入する。

養子縁組が継続中の最後の養父母の氏名を記入する。その他の養父母の氏名はその他欄へ記入する。

外国人配偶者と離婚しても戸籍の変動はないので、この欄の記入は不要。

離婚前に同居していたときの住所を記入する。

《添付書類》
判決の謄本及び同確定証明書

離 婚 届

令和3 年 9 月 22日届出

東京都世田谷区 長 殿

受理	令和3 年 9 月 22日	発送	年 月 日
第	3210 号		長印
送付	年 月 日		
第	号		

| 書類調査 | 戸籍記載 | 記載調査 | 調査票 | 附票 | 住民票 | 通知 |

	夫	妻 こうやま　みか
（よみかた）氏　名	エドワーズ、スミス	甲山　美佳
生 年 月 日	西暦1977 年 12 月 4 日	昭和54 年 8 月 19日
住　所	東京都千代田区九段南	東京都世田谷区若林
（住民登録をしているところ）	1丁目1番15号	4丁目22番13号
世帯主の氏名		世帯主の氏名 甲山　美佳
本　籍（外国人のときは国籍だけを書いてください）	夫の国籍　連合王国　妻の本籍　東京都世田谷区若林4丁目22	番地 番
筆頭者の氏名	甲山　美佳	

父母及び養父母の氏名父母との続き柄	夫の父 エドワーズ、デニス	続き柄 男	妻の父 甲山　浩	続き柄
	母 エドワーズ、グレン		母　芳子	長女
右記の養父母以外にも養父母がいる場合にはその他の欄に書いてください	養父	続き柄 養子	養父	続き柄 養女
	養母		養母	

離婚の種別	□協議離婚　□調停　年 月 日成立　□審判　年 月 日確定 □和解　年 月 日成立　□請求の認諾　年 月 日認諾　☑判決　令和3 年 9 月 14日確定
婚姻前の氏にもどる者の本籍	□夫 は □もとの戸籍にもどる □妻 □新しい戸籍をつくる　　番地 番 筆頭者の氏名
未成年の子の氏名	夫が親権を行なう子　　妻が親権を行なう子 甲山　正太郎
同居の期間	平成18年 9 月から　令和3 年 6 月まで
別居する前の住所	東京都世田谷区若林4丁目22　番地13号
別居する前の世帯のおもな仕事と	□1.農業だけまたは農業とその他の仕事を持っている世帯 □2.自由業・商工業・サービス業等を個人で経営している世帯 □3.企業・個人商店等（官公庁を除く）の常用勤労者世帯で勤め先の従業者数が1人から99人までの世帯（日々または1年未満の契約の雇用者は5） □4.3にあてはまらない常用勤労者世帯及び会社団体の役員の世帯（日々または1年未満の契約の雇用者は5） □5.1から4にあてはまらないその他の仕事をしている者のいる世帯 □6.仕事をしている者のいない世帯
夫妻の職業	（国勢調査の年…　年…月1日から翌年3月31日までに届出をするときだけ書いてください）夫の職業　　妻の職業
その他	判決の謄本、同確定証明書
届出人署名（※押印は任意）	夫　　　　印　　妻 甲山　美佳　印

令和 年 月 日	午前 午後 時 分受領
夫	□免 □旅 □住 □マ □その他　無（　　）
不受理	□有 □無
通知	□要 □不要
妻	□免 □旅 □住 □マ □その他　無（　　）
不受理	□有 □無
通知	□要 □不要
使者	□免 □旅 □住 □マ □その他　無（　　）
送付	年 月 日

| 確認 | 通知 |

| 事件簿番号 | | 住所を定めた年月日 夫 年 月 日 妻 年 月 日 | 連絡先 電話（　）自宅・勤務先［　］携帯 |

証　人　(協議離婚のときだけ必要です)		
署　名 (※押印は任意)	印	印
生 年 月 日	年　月　日	年　月　日
住　　所		
本　　籍	番地 番	番地 番

裁判離婚につき証人は不要。

誤って記載されているときは、次のように処理する。

①届出人に証人欄の記載は不要につき削除するようお願いする。削除の方法は、証人欄に交差線を掛ける。また、届出人に削除した旨の署名をしてもらう。

②届出人に証人欄の削除を拒否された場合は、「証人欄の記載は余事記載である。」と付せん処理をする。

③郵送等の場合は、②の処理をする。

□には、あてはまるものに☑のようにしるしをつけてください。

今後も離婚の際に称していた氏を称する場合には、左の欄には何も記載しないでください（この場合にはこの離婚届と同時に別の届書を提出する必要があります。）。

同居を始めたときの年月は、結婚式をあげた年月または同居を始めた年月のうち早いほうを書いてください。

届け出られた事項は、人口動態調査（統計法に基づく基幹統計調査、厚生労働省所管）にも用いられます。

父母が離婚するときは、面会交流や養育費の分担など子の監護に必要な事項についても父母の協議で定めることとされています。この場合には、子の利益を最も優先して考えなければならないこととされています。

・未成年の子がいる場合は、次の□のあてはまるものにしるしをつけてください。
　☑面会交流について取決めをしている。
　□まだ決めていない。

面会交流：未成年の子と離れて暮らしている親が子と定期的、継続的に、会って話をしたり、一緒に遊んだり、電話や手紙などの方法で交流すること。

・経済的に自立していない子（未成年の子に限られません）がいる場合は、次の□のあてはまるものにしるしをつけてください。
　☑養育費の分担について取決めをしている。
　　取決め方法：(□公正証書　☑それ以外)
　□まだ決めていない。

養育費：経済的に自立していない子（例えば、アルバイト等による収入があっても該当する場合があります）の衣食住に必要な経費、教育費、医療費など。

このチェック欄についての法務省の解説動画

詳しくは、各市区町村の窓口において配布している「子どもの養育に関する合意書作成の手引きとQ＆A」をご覧ください。面会交流や養育費のほか、財産分与、年金分割等、離婚をするときに考えておくべきことをまとめた情報を法務省ホームページ内にも掲載しています。

🔍法務省　離婚 　　法務省作成のパンフレット

日本司法支援センター（法テラス）では、面会交流の取決めや養育費の分担など離婚をめぐる問題について、相談窓口等の情報を無料で提供しています。無料法律相談や弁護士費用等の立替えをご利用いただける場合もありますので、お問い合わせください。

【法テラス・サポートダイヤル】0570-078374　【公式ホームページ】https://www.houterasu.or.jp

未成年の子がいる場合は面会交流の取決めの有無欄に「✓」印をつける。

経済的に自立していない子（未成年の子に限られない）がいる場合は養育費の公正証書による取決めの有無欄に「✓」印をつける。

ただし、記入がなくても届出を受理して差し支えない。

離婚届4　日本人夫と外国人妻の離婚の調停が成立し、夫の本籍地の市区町村長にその届出があった場合

離婚の調停が成立した場合は、その成立の日から10日以内に届け出なければならない【戸籍法77条、同法63条1項】。

外国人については国籍を有する国の国名を記入する。国名は略称でもよい（昭49・2・9民二988号回答）。

日本人については、届出時に在籍する戸籍を記入する。

調停調書が作成された日（合意成立の日）を記入する。

外国人配偶者と離婚しても戸籍の変動はないので、この欄の記入は不要。

離婚調停により夫（父）又は妻（母）が親権者と指定された子の氏名を記入する。

離婚の調停の申立人が届出人となる【戸籍法77条、同法63条1項】。

届書を受領した日を記入する。

受附番号は、受理の日にかかわらず、受附帳の記載順に記入する。

漢字を使用している国の外国人の氏名については、それが正しい日本文字であるものについてはそのまま、そうでないものは片仮名で記入する（昭59・11・1民二5500号通達）。
外国人の生年月日は西暦で記入する。

住民登録をしているところを記入する。

養子縁組が継続中の最後の養父母の氏名を記入する。その他の養父母の氏名はその他欄へ記入する。

離婚前に同居していたときの住所を記入する。

《添付書類》
調停調書謄本

離婚届

令和3 年 9 月 22日届出

富山県高岡市　長 殿

受理 令和3 年 9 月 22日　発送　年 月 日
第 3203 号　　　長印
送付　年 月 日
第 号

書類調査｜戸籍記載｜記載調査｜調査票｜附票｜住民票｜通知

	夫 おつやま すすむ	妻 ぼく のりこ
氏名	乙山 進	朴 徳子
生年月日	昭和44 年 6 月 30 日	西暦1972 年 8 月 5 日
住所（住民登録をしているところ）	富山県高岡市中川本町 10番21号	富山県射水市小島 703番地
世帯主の氏名	乙山 進	世帯主の氏名

本籍（外国人のときは国籍だけを書いてください）
夫の本籍 富山県高岡市中川本町10 番地
筆頭者の氏名 乙山 進　妻の国籍 韓国

父母及び養父母の氏名 父母との続き柄	夫の父 乙山 進一	続き柄 長男	妻の父 朴 他官	続き柄 女
	母 スミ子		母 金 淑善	
（右記の養父母以外にも養父母がいる場合にはその他の欄に書いてください）	養父	続き柄 養子	養父	続き柄 養女
	養母		養母	

離婚の種別
□協議離婚　☑調停 令和3 年 9 月 18日成立　□審判 年 月 日確定
□和解 年 月 日成立　□請求の認諾 年 月 日認諾　□判決 年 月 日確定

婚姻前の氏にもどる者の本籍
夫 □ は □もとの戸籍にもどる
妻 □ □新しい戸籍をつくる
番地 番　筆頭者の氏名

未成年の子の氏名　夫が親権を行なう子　妻が親権を行なう子

同居の期間　平成13 年 3 月 から　令和3 年 7 月 まで

別居する前の住所　富山県高岡市中川本町10 番地 21号

別居する前の世帯のおもな仕事と
□1. 農業だけまたは農業とその他の仕事を持っている世帯
□2. 自由業・商工業・サービス業等を個人で経営している世帯
□3. 企業・個人商店等（官公庁は除く）の常用勤労者世帯で勤め先の従業者数が1人から99人までの世帯（日々または1年未満の契約の雇用者は5）
□4. 3にあてはまらない常用勤労者世帯及び会社団体の役員の世帯（日々または1年未満の契約の雇用者は5）
□5. 1から4にあてはまらないその他の仕事をしている者のいる世帯
□6. 仕事をしている者のいない世帯

夫妻の職業（国勢調査の年…　年…の4月1日から翌年3月31日までに届出をするときだけ書いてください）
夫の職業　妻の職業

その他　添付書類　調停調書謄本

届出人署名（※押印は任意）　夫 乙山 進 印　妻 印

事件簿番号

住所を定めた年月日　夫 年 月 日　妻 年 月 日
連絡先　電話（ ）　自宅・勤務先［ ］・携帯

確認｜通知

左欄（夫・妻）：
令和 年 月 日受領 午前午後 時 分
夫 □免□旅□住 □マ □その他（ ）□無 不受理 □有 □無 通知 □要□不要
妻 □免□旅□住 □マ □その他（ ）□無 不受理 □有 □無 通知 □要□不要
使者 □免□旅□住 □マ □その他（ ）□無　送付 令和 年 月 日
確認｜通知

証　　　人　　(協議離婚のときだけ必要です)		
署　　　名 (※押印は任意)	印	印
生　年　月　日	年　　月　　日	年　　月　　日
住　　　所		
本　　　籍	番地 番	番地 番

□には、あてはまるものに☑のようにしるしをつけてください。

今後も離婚の際に称していた氏を称する場合には、左の欄には何も記載しないでください（この場合にはこの離婚届と同時に別の届書を提出する必要があります。）。

同居を始めたときの年月は、結婚式をあげた年月または同居を始めた年月のうち早いほうを書いてください。

届け出られた事項は、人口動態調査（統計法に基づく基幹統計調査、厚生労働省所管）にも用いられます。

父母が離婚するときは、面会交流や養育費の分担など子の監護に必要な事項についても父母の協議で定めることとされています。この場合には、子の利益を最も優先して考えなければならないこととされています。

・未成年の子がいる場合は、次の□のあてはまるものにしるしをつけてください。
　□面会交流について取決めをしている。　　面会交流：未成年の子と離れて暮らしている親が子と定期的、
　□まだ決めていない。　　　　　　　　　　継続的に、会って話をしたり、一緒に遊んだり、電話や手紙
　　　　　　　　　　　　　　　　　　　　　などの方法で交流すること。

・経済的に自立していない子（未成年の子に限られません）がいる場合は、次の□のあてはまるものにしるしをつけてください。
　□養育費の分担について取決めをしている。　養育費：経済的に自立していない子（例えば、アルバイト等
　　取決め方法：(□公正証書　□それ以外)　　による収入があっても該当する場合があります）の衣食住に
　　　　　　　　　　　　　　　　　　　　　　必要な経費、教育費、医療費など。
　□まだ決めていない。
　　　　　　　　　　　　　　　　　このチェック欄についての法務省の解説動画

詳しくは、各市区町村の窓口において配布している「子どもの養育に関する合意書作成の手引きとQ＆A」をご覧ください。面会交流や養育費のほか、財産分与、年金分割等、離婚をするときに考えておくべきことをまとめた情報を法務省ホームページ内にも掲載しています。

🔍 法務省　離婚　　　　　　　法務省作成のパンフレット

日本司法支援センター（法テラス）では、面会交流の取決めや養育費の分担など離婚をめぐる問題について、相談窓口等の情報を無料で提供しています。無料法律相談や弁護士費用等の立替えをご利用いただける場合もありますので、お問い合わせください。

【法テラス・サポートダイヤル】0570-078374　【公式ホームページ】https://www.houterasu.or.jp

調停離婚につき証人は不要。
誤って記載されているときは、次のように処理する。
①届出人に証人欄の記載は不要につき削除するようお願いする。削除の方法は、証人欄に交差線を掛ける。また、届出人に削除した旨の署名をしてもらう。
②届出人に証人欄の削除を拒否された場合は、「証人欄の記載は余事記載である。」と付せん処理をする。
③郵送等の場合は、②の処理をする。

未成年の子がいる場合は面会交流の取決めの有無欄に「✓」印をつける。
経済的に自立していない子（未成年の子に限られない）がいる場合は養育費の公正証書による取決めの有無欄に「✓」印をつける。
調停離婚の場合は、概ね取決め済みである。

離婚届5　外国に在る日本人夫婦につき所在国の裁判所によって離婚の裁判が確定し、その判決謄本を添付した届出が本籍地の市区町村長に郵送されてきた場合

受附番号は、受理の日にかかわらず、受附帳の記載順に記入する。
（届書が届出人より郵送された場合は受附帳の備考欄に郵送である旨記しておく（注意参照）。）

受附番号は、送付の日にかかわらず、受附帳の記載順に記入する。

日本人についての生年月日の戸籍記載は元号を用いるが、届書に西暦を用いて記載してあるときは、便宜そのまま受理する（昭54・6・9民二3313号通達）。

現住所を記入する（ひとくちメモ㉖（104頁）参照）。

届出時の父母の氏名を記入する。

養子縁組が継続中の最後の養父母の氏名を記入する。その他の養父母の氏名はその他欄へ記入する。

離婚により復氏する者の離婚後の本籍（従前戸籍又は新戸籍）を記入する。
ただし、同時に戸籍法77条の2の届出をするときは記入しない。

届出人は、訴えの申立人である。申立人が届出をしない場合は、相手方から届出ができる【戸籍法77条、同法63条】。

届出地の市区町村で届書を受領した日を記入する。

届書を市区町村に送付するときに記入する。
謄本を作成して送付するときは「これは謄本である」と付記し、職名を記入し職印を押印する【戸籍法施行規則67条、同規則12条2項、3項】。
原本を送付し謄本を自庁で保管する場合であってもこの謄本証明をする。

送付を受けた市区町村で届書が送付されてきた日を記入する。

届出時に在籍する戸籍を記入する。

外国判決の確定の日を記入する。

未成年の子がある場合は、それぞれ親権を行う子を記入する。判決文中に親権者を父母のいずれかと定めていない場合は、協議で定める必要があるか否かを、管轄局の長に処理照会を要する。

《添付書類》
外国判決の謄本及び同確定証明書。
その外国判決が民事訴訟法118条に定める要件を具備しているか否か審査を要する（ひとくちメモ㉕（104頁）参照）。

《注意》
封筒には、届出事件名、受附の番号及び年月日を記載して届書に添付する（標準準則27条）。

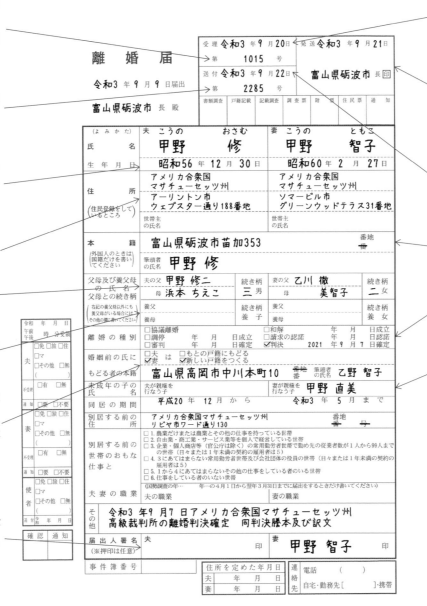

80

証　人 (協議離婚のときだけ必要です)		
署　　名 (※押印は任意)	印	印
生 年 月 日	年　月　日	年　月　日
住　　所		
本　　籍	番地 番	番地 番

□には、あてはまるものに☑のようにしるしをつけてください。

今後も離婚の際に称していた氏を称する場合には、左の欄には何も記載しないでください（この場合にはこの離婚届と同時に別の届書を提出する必要があります。）。

同居を始めたときの年月は、結婚式をあげた年月または同居を始めた年月のうち早いほうを書いてください。

届け出られた事項は、人口動態調査（統計法に基づく基幹統計調査、厚生労働省所管）にも用いられます。

裁判離婚につき証人は不要。

誤って記載されているときは、次のように処理する。

①届出人に証人欄の記載は不要につき削除するようお願いする。削除の方法は、証人欄に交差線を掛ける。また、届出人に削除した旨の署名をしてもらう。

②届出人に証人欄の削除を拒否された場合は、「証人欄の記載は余事記載である。」と付せん処理をする。

③郵送等の場合は、②の処理をする。

父母が離婚するときは、面会交流や養育費の分担など子の監護に必要な事項についても父母の協議で定めることとされています。この場合には、子の利益を最も優先して考えなければならないこととされています。

・未成年の子がいる場合は、次の□のあてはまるものにしるしをつけてください。
　☑面会交流について取決めをしている。
　□まだ決めていない。
　　面会交流：未成年の子と離れて暮らしている親が子と定期的、継続的に、会って話をしたり、一緒に遊んだり、電話や手紙などの方法で交流すること。

・経済的に自立していない子（未成年の子に限られません）がいる場合は、次の□のあてはまるものにしるしをつけてください。
　☑養育費の分担について取決めをしている。
　　取決め方法：(□公正証書 ☑それ以外)
　□まだ決めていない。
　　養育費：経済的に自立していない子（例えば、アルバイト等による収入があっても該当する場合があります）の衣食住に必要な経費、教育費、医療費など。

このチェック欄についての法務省の解説動画

詳しくは、各市区町村の窓口において配布している「子どもの養育に関する合意書作成の手引きとQ＆A」をご覧ください。面会交流や養育費のほか、財産分与、年金分割等、離婚をするときに考えておくべきことをまとめた情報を法務省ホームページ内にも掲載しています。

Q 法務省 離婚　　　　法務省作成のパンフレット

日本司法支援センター（法テラス）では、面会交流の取決めや養育費の分担など離婚をめぐる問題について、相談窓口等の情報を無料で提供しています。無料法律相談や弁護士費用等の立替えをご利用いただける場合もありますので、お問い合わせください。

【法テラス・サポートダイヤル】0570-078374　【公式ホームページ】https://www.houterasu.or.jp

未成年の子がいる場合は面会交流の取決めの有無欄に「✓」印をつける。

経済的に自立していない子（未成年の子に限られない）がいる場合は養育費の公正証書による取決めの有無欄に「✓」印をつける。

ただし、記入がなくても届出を受理して差し支えない。

離婚届6　外国に在る日本人夫婦が協議離婚の届出を所在地の領事館に届け出た場合

届書が送付されてきた日を記入する。

現住所を記入する（ひとくちメモ㉖（104頁）参照）。

届出時に在籍する戸籍を記入する。

届出時の父母の氏名を記入する。

養子縁組が継続中の最後の養父母の氏名を記入する。
その他の養父母の氏名はその他欄へ記入する。

離婚により復氏する者の離婚後の本籍（従前戸籍又は新戸籍）を記入する。

離婚当事者が自署する。
氏は離婚前の氏で署名する。

受附番号は、送付の日にかかわらず、受附帳の記載順に記入する。

未成年の子があるときは、それぞれ親権を行う子を記入する。
親権者を定めない協議離婚届は受理することができない【民法765条、同法819条1項】。

離婚前に同居していたときの住所を記入する。

離婚届

令和3年9月7日届出

在シドニー　日本国総領事　長殿

受理	令和3年9月7日
第	23　号
送付	令和3年9月22日
第	3425　号

書類調査	戸籍記載	記載調査	調査票	附票	住民票	通知

	夫	妻
（よみかた）氏名	こうの　ひろし　甲野　洋	こうの　ゆみ　甲野　由美
生年月日	昭和63年6月1日	平成2年9月9日
住所	オーストラリア国ニューサウスウエルズ州モスマンバードウエル通り16番 世帯主の氏名	オーストラリア国ニューサウスウエルズ州エリザベスベイビルトリー10番 世帯主の氏名
本籍（外国人のときは国籍だけを書いてください）	富山県富山市牛島新町11　番地番　筆頭者の氏名　甲野　洋	
父母及び養父母の氏名父母との続き柄	夫の父　甲野　修　母　智江　続き柄　長男	妻の父　乙川　太郎　母　梅子　続き柄　長女
（右欄の養父母以外にも養父母がいる場合にはその他欄に書いてください）	養父　養母　続き柄　養子	養父　養母　続き柄　養女
離婚の種別	☑協議離婚　□調停　年月日成立　□審判　年月日確定　もとの戸籍にもどる	□和解　年月日成立　□請求の認諾　年月日認諾　□判決　年月日確定
婚姻前の氏にもどる者の本籍	☑妻　は　☑新しい戸籍をつくる　富山県高岡市中川本町10　番地番　筆頭者の氏名　乙川　由美	
未成年の子の氏名	夫が親権を行なう子	妻が親権を行なう子　甲野　薫
同居の期間	平成28年2月から	令和3年9月まで
別居する前の住所	オーストラリア国ニューサウスウエルズ州モスマンバードウエル通り20　番地番　号	
別居する前の世帯のおもな仕事と	□1．農業だけまたは農業とその他の仕事を持っている世帯　□2．自由業・商工業・サービス業等を個人で経営している世帯　□3．企業・個人商店等（官公庁は除く）の常用勤労者世帯で勤め先の従業者数が1人から99人までの世帯（日々または1年未満の契約の雇用者は5）　□4．3にあてはまらない常用勤労者世帯及び会社団体の役員のいる世帯（日々または1年未満の契約の雇用者は5）　□5．1から4にあてはまらないその他の仕事をしている者のいる世帯　□6．仕事をしている者のいない世帯	
夫妻の職業	（国勢調査の年…　年の4月1日から翌年3月31日までに届出をするときだけ書いてください）夫の職業	妻の職業
その他		
届出人署名（※押印は任意）	夫　甲野　洋　㊞	妻　甲野　由美　㊞

令和　年　月　日
午前午後　時　分受附
夫 □免 □旅 □住 □マ □その他（　） □無
不受理 □有 □無
通知 □要 □不要
妻 □免 □旅 □住 □マ □その他（　） □無
不受理 □有 □無
通知 □要 □不要
使者 □免 □旅 □住 □マ □その他（　） □無
送付　令和　年　月　日
確認　通知

事件簿番号		住所を定めた年月日　夫　年月日　妻　年月日	連絡先　電話（　）　自宅・勤務先［　］・携帯

外国人の署名（サイン）は原則として本国文字で行う。
外国人が証人となるときは署名は本国語を用いフルネームで記入する。
イニシャル等記号のような署名（サイン）の場合は、フルネームを併記させる。
外国人の生年月日は西暦で記入する。

協議離婚のときは、成人の証人2名を要する【民法764条、同法739条第2項】。
証人は成人に達した外国人でもよい。

証　人	(日本法による協議離婚のときだけ必要です)	
署　名 (※押印は任意)	山本 太郎　印	Yulianne Pearce 印
生年月日	昭和46年5月8日	西暦1989年12月22日
住　所	オーストラリア国ニューサウスウエルズ州 エリザベスベイ	AUSTRALIA N.S.W. POTTS POINT 1223
本　籍	富山県射水市新開発 410 番地	NEW ZEALAND 番地番

証人の現住所を記入する（ひとくちメモ㉖（104頁）参照）。

証人の本籍を記入する。
外国人のときは、国籍を有する国の国名を記入する。国名は略称でもよい（昭49・2・9民二988号回答）。

記入の注意

1. 届書はすべて日本語で書いてください。
　この届書は長年保存されますので、鉛筆や消えやすいインキで書かないでください。
2. 夫婦の一方が外国人のときは、日本人について本籍と筆頭者（戸籍の一番最初に書いてある人）の氏名を書き、外国人についてカッコ内にその国籍を書いてください。
3. 父母がいま婚姻しているときは、母の氏は書かないで、名だけを書いてください。
　養父母についても同じように書いてください。
4. □にあてはまるものに☑のようにしるしをつけてください。
5. 日本国籍を有する未成年の子があるときは、それぞれの子について夫と妻のどちらが親権を行うかをきめて書いてください。
6. 同居を始めたときの年月は、結婚式をあげた年月または同居を始めた年月のうち早いほうを書いてください。
7. 別居する前の夫婦の共通の住所を書いてください。
8. 外国の法律で協議離婚したときは、3か月以内に離婚証書をそえて出してください。外国の裁判所で離婚したときは、裁判が確定した日から10日以内に原告から判決書の謄本及び確定証明書をそえて出してください。なお、この10日を経過しても原告が届出しないときは被告から届出できます。いずれの場合も証人欄の記載は不要ですが、外国文の証明書には翻訳者を明らかにした訳文を添付してください。また、「その他」欄には、協議離婚のときは、離婚確定年月日及び離婚の方式を、離婚判決による場合は、離婚確定年月日及びその裁判所名を記載してください。
9. 夫婦がともに日本人のときは、届書2通（復籍する人が今までの本籍地と異なる市区町村にある婚姻前の戸籍にもどるとき、または、新しい戸籍を今までと別の市区町村につくりたいときは3通）、夫婦の一方が外国人のときは、届書2通出してください。
10. 戸籍謄本2通（うち1通はコピーでもよい）が必要ですので、あらかじめ用意してください。
11. 届出人や証人の署名は、はっきりと読めるようにそれぞれ本人が書いてください。なお、外国人が外国語で署名する場合は、その「よみかた」をカタカナで併記してください。
12. 届け出られた事項は、人口動態調査（統計法に基づく基幹統計調査、厚生労働省所管）にも用いられます。

未成年の子がいる場合は面会交流の取決めの有無欄に「✓」印をつける。
経済的に自立していない子（未成年の子に限られない）がいる場合は養育費の公正証書による取決めの有無欄に「✓」印をつける。
ただし、記入がなくても届出を受理して差し支えない。

未成年の子がいる場合は、次の□のあてはまるものにしるしをつけてください。

（面会交流）
□取り決めている。
□まだ決めていない。
（養育費の分担）
□取り決めている。
□まだ決めていない。

未成年の子がいる場合に父母が離婚をするときは、面会交流や養育費の分担など子の監護に必要な事項についても父母の協議で定めることとされています。この場合には、子の利益を最も優先して考えなければならないこととされています。

出生他　縁組他　離縁他　婚姻他　離婚　死亡　外国人父母への氏変　親権

離婚届 7　　韓国人夫婦の協議離婚届を妻の所在地の市区町村長に届け出た場合

届出により効力が発生するので必ず記入する。

外国人に関する届出はその所在地でする【戸籍法25条2項】。

漢字を使用している国の外国人の氏名については、それが正しい日本文字であるものについてはそのまま、そうでないものは片仮名で記入する（昭59・11・1民二5500号通達）。

住民登録をしているところを記入する。

外国人の署名は原則として本国文字で行う。
日本文字を常用している場合は、日本語による署名（本国名を日本語表記した場合に限る）でも差し支えない。

届書を受領した日を記入する。

受附番号は、受理の日にかかわらず、受附帳の記載順に記入する（非本籍人の方で受附ける）。

外国人の生年月日は西暦で記入する。

外国人の国籍を有する国の国名を記入する。
国名は略称でもよい（昭49・2・9民二988号回答）。

養子縁組が継続中の最後の養父母の氏名を記入する。その他の養父母の氏名はその他欄へ記入する。

未成年の子があるときは、それぞれ親権を行う子を記入する【韓国民法909条4項】。

離婚前に同居していたときの住所を記入する。

《添付書類》
①婚姻関係証明書（注意①参照）
②在留カード又は外国人住民票

《注意①》
本国に婚姻の登録がないときは、婚姻を証する書面（市区町村が保管する婚姻届の写し等）を添付する。

離婚届

令和3 年 9 月 22日届出

富山県高岡市 長 殿

受理 令和3年9月22日　発送　年月日
第　23　号　　　　　　長印
送付　年月日
第　号
書類調査　戸籍記載　記載調査　調査票　附票　住民票　通知

	夫 り　よしのぶ	妻 きん　よしこ
氏名	李 義信	金 淑子
生年月日	西暦1977年11月18日	西暦1980年1月21日
住所（住民登録をしているところ）	富山県射水市新開発 410番地1	富山県高岡市中川本町 10番21号
世帯主の氏名	李 義信	金 淑子

本籍（外国人のときは国籍だけを書いてください）　夫の国籍 韓国　妻の国籍 韓国　番地 番
筆頭者の氏名

父母及び養父母の氏名 父母との続き柄
夫の父 李 継浩　続き柄 男　妻の父 金 他官　続き柄 女
母 朴 正姫　母 羅 順伊

養父　続き柄　養父　続き柄
養母　養子　養母　養女

離婚の種別 ☑協議離婚　□調停 年月日成立　□審判 年月日確定　□和解 年月日成立　□請求の認諾 年月日認諾　□判決 年月日確定

婚姻前の氏にもどる者の本籍 □夫 □もとの戸籍にもどる　□妻 は □新しい戸籍をつくる　番地 番 筆頭者の氏名

未成年の子の氏名 夫が親権を行なう子 李 正信　妻が親権を行なう子

同居の期間 平成18年10月から　令和3年8月まで

別居する前の住所 富山県高岡市能町1461 番地 1 号

別居する前の世帯のおもな仕事と
□1. 農業だけまたは農業とその他の仕事を持っている世帯
□2. 自由業・商工業・サービス業等を個人で経営している世帯
□3. 企業・個人商店等（官公庁を除く）の常用勤労者世帯で勤め先の従業者数が1人から99人までの世帯（日々または1年未満の契約の雇用者は5）
□4. 3にあてはまらない常用勤労者世帯及び会社団体の役員の世帯（日々または1年未満の契約の雇用者は5）
□5. 1から4にあてはまらないその他の仕事をしている者のいる世帯
□6. 仕事をしている者のいない世帯

夫妻の職業（国勢調査の年…　年…の4月1日から翌年3月31日までに届出をするときだけ書いてください）　夫の職業　妻の職業

その他 婚姻届の写し、外国人住民票

届出人署名（※押印は任意）夫 李 義信 印　妻 金 淑子 印

事件簿番号

住所を定めた年月日 夫 年月日 妻 年月日
連絡先 電話（ ）自宅・勤務先［ ］・携帯

令和 年月日 午前午後 時分受領
夫 □免□旅□住 □マ □その他 □無（ ）
不受理 □有□無
通知 □要□不要
妻 □免□旅□住 □マ □その他 □無（ ）
不受理 □有□無
通知 □要□不要
使者 □免□旅□住 □マ □その他 □無（ ）
送付 年月日
確認 通知

84

外国人が証人となるときは、署名は本国語を用い、フルネームで記入する。
外国人の生年月日は西暦で記入する。

証人の住民登録をしているところを記入する。

証人の本籍を記入する。
外国人のときは、国籍を有する国の国名を記入する。
国名は略称でもよい（昭49・2・9民二988号回答）。

未成年の子がいる場合は面会交流の取決めの有無欄に「✓」印をつける。
経済的に自立していない子（未成年の子に限られない）がいる場合は養育費の公正証書による取決めの有無欄に「✓」印をつける。
ただし、記入がなくても届出を受理して差し支えない。

証　　　人	(協議離婚のときだけ必要です)	
署　　名 （※押印は任意）	甲山　良平　㊞	丙川　妙子　㊞
生 年 月 日	昭和48年 4 月 22 日	昭和59年 5 月 14 日
住　　所	富山県射水市小島 703番地	富山県富山市新桜町 7番38号
本　　籍	上と同じ　　　番地 　　　　　　　番	富山県富山市奥田新町 3　　番地 　　番

□には、あてはまるものに☑のようにしるしをつけてください。

今後も離婚の際に称していた氏を称する場合には、左の欄には何も記載しないでください（この場合にはこの離婚届と同時に別の届書を提出する必要があります）。

同居を始めたときの年月は、結婚式をあげた年月または同居を始めた年月のうち早いほうを書いてください。

届け出られた事項は、人口動態調査（統計法に基づく基幹統計調査、厚生労働省所管）にも用いられます。

父母が離婚するときは、面会交流や養育費の分担など子の監護に必要な事項については父母の協議で定めることとされています。この場合には、子の利益を最も優先して考えなければならないこととされています。

・未成年の子がいる場合は、次の□のあてはまるものにしるしをつけてください。
　☑面会交流について取決めをしている。　　　　　　　面会交流：未成年の子と離れて暮らしている親が子と定期的、
　□まだ決めていない。　　　　　　　　　　　　　　継続的に、会って話をしたり、一緒に遊んだり、電話や手紙
　　　　　　　　　　　　　　　　　　　　　　　　　などの方法で交流すること。

・経済的に自立していない子（未成年の子に限られません）がいる場合は、次の□のあてはまるものにしるしをつけてください。
　☑養育費の分担について取決めをしている。　　　　養育費：経済的に自立していない子（例えば、アルバイト等
　　取決め方法：☑公正証書　□それ以外　　　　　　による収入があっても該当する場合があります）の衣食住に
　　　　　　　　　　　　　　　　　　　　　　　　必要な経費、教育費、医療費など。
　□まだ決めていない。
　　　　　　　　　　　　　　　このチェック欄についての法務省の解説動画

詳しくは、各市区町村の窓口において配布している「子どもの養育に関する合意書作成の手引きとQ＆A」をご覧ください。面会交流や養育費のほか、財産分与、年金分割等、離婚をするときに考えておくべきことをまとめた情報を法務省ホームページ内にも掲載しています。

🔍法務省　離婚　　　　　　　　　法務省作成のパンフレット

日本司法支援センター（法テラス）では、面会交流の取決めや養育費の分担など離婚をめぐる問題について、相談窓口等の情報を無料で提供しています。無料法律相談や弁護士費用等の立替えをご利用いただける場合もありますので、お問い合わせください。

【法テラス・サポートダイヤル】0570-078374　【公式ホームページ】https://www.houterasu.or.jp

協議離婚【韓国民法834条】のときは、成人の証人2名を要する【民法764条、同法739条2項】。
証人は成人に達した外国人でもよい。

《注意②》
在日韓国人間の日本における協議離婚の届出の取扱いが、韓国大法院において2004年9月20日から変更され、当事者双方が在日韓国大使館に協議離婚の申告をし、韓国家庭法院の確認を受けた後に離婚が成立することとされた。
したがって、在日韓国人夫婦が日本の市区町村に協議離婚届を提出しても、韓国法上、協議離婚の成立が認められないが、当事者がそれでもかまわないとして強いて受理を求めるときは法の適用に関する通則法34条2項による行為地法に適合する方式としてそのまま受理して差し支えないとされている。

外国人夫と離婚した日本人女から婚姻前の氏に変更する届出があった場合

この届出は外国人配偶者との婚姻解消後３か月以内に届出することを要する。

３か月以内であれば、家庭裁判所の許可なく、氏変更の届出ができる【戸籍法107条３項】。

ただし戸籍法107条１項により、外国人配偶者の同一氏に変更した場合は、この届出はできない。

届出時に在籍する戸籍を記入する。

戸籍に記載されている婚姻解消の日
　①協議離婚…届出の日
　②裁判離婚…調停成立の日
　　　　　　審判又は判決の確定の日
　③婚姻の取消し…判決の確定の日
　④配偶者の死亡…死亡の日

届出人は、氏を変更する者である。
変更前の氏で署名すべきであるが、変更後の氏で記入してあっても訂正しなくてよい。

届書を受領した日を記入する。

受附番号は、受理の日にかかわらず、受附帳の記載順に記入する。

届出時に住民登録をしているところを記入する。

変更後の氏は戸籍法107条２項の届出をする際に称していた氏に限られる。

この氏変更の効果は同籍者に及ばないから同籍者がある場合は届出人につき新戸籍が編製される（注意参照）。

①氏を変更する者の子の父母欄の氏を更正するときは、その子の続柄・名を記入する。
②他の戸籍にある子の父母欄の氏を更正するときは、子の氏名、戸籍の表示、父母との続柄を記入する。

《注意》
母の戸籍に同籍していた子が、氏変更後の母の新戸籍に入るには、母と同籍する入籍届による。

外国人との離婚による氏の変更届（戸籍法107条3項の届）

令和3 年 9 月 22 日届出

富山市　長殿

受理	令和3 年 9 月 22 日	発送	年 月 日
第	2567 号		長印
送付	年 月 日		
第	号		

書類調査	戸籍記載	記載調査	附 票	住民票	通 知

		ゆみこ	
（よみかた）	（変更前）氏	名	
氏を変更する人の氏名	ファンデンボッシュ	由美子	昭和61 年 7 月 3 日生
住　所	富山市牛島新町11番7号		
（住民登録をしているところ）	世帯主の氏名 ファンデンボッシュ 由美子		
本　籍	富山市牛島新町11		番地番
	筆頭者の氏名 ファンデンボッシュ 由美子		
（よみかた）氏	変更前	変更後 こうやま	
	ファンデンボッシュ	甲山	
婚姻を解消した配偶者	氏名 ファンデンボッシュ、ウェイン		
婚姻解消の原因	☑離婚　□婚姻の取消し　□配偶者の死亡		
婚姻解消の年月日	令和3 年 8 月 7 日		
氏を変更した後の本籍	（氏を変更する人の戸籍に他の人がある場合のみ書いてください）富山市牛島新町11		番地番
そ の 他	次の人の父母欄の氏を更正してください　同じ戸籍にある長女 マリア		
届出人署名（※押印は任意）（変更前の氏名）	ファンデンボッシュ 由美子　印		

字訂正　字加入　字削除
届出印

住定年月日	・ ・	日中連絡のとれるところ 電話（ ） 自宅 勤務先 呼出（ 方）

86

○出生による国籍取得に関する各国法制一覧⑤

国名　ト～フ（アイウエオ順）

〔凡例〕
1　※印を付した国は、最新の法令を調査中の国である。
2　「根拠法令」欄に「調査中」とあるのは、当該外国の国籍関係法令が不明なものである。
3　国名の配列は五十音順とした。なお、国名は正式名称により表記したが、必要に応じ略称等をカッコ書きで付記した。
4　生地主義……生地主義について○印を付した上、いわゆる条件付生地主義の場合は、カッコ書きで条件の主な内容を明示した。
　　（注）いわゆる補充的生地主義については、これにより重国籍となる事例が乏しいため、記載を省略した。
5　血統主義……血統主義については、当該国内で出生した場合と当該国外で出生した場合とに分け、いわゆる父母両系主義は「両系」と、父系主義は「父系」とそれぞれ略記し、出生登録、居住等の条件が付されている場合は「両系」のように×印を肩書した。なお、条件の内容について確認できるものにつき表記した。

国　　名	生地主義	血統主義 国内で出生	血統主義 国外で出生	根拠法令（制定及び改正年月日）及び条件等
ドミニカ共和国	○（国内を通過中の外国人の子、外国の外交官・領事館員の子、不法滞在者の子などを除く）		両系	憲法（1947.1.10、1966、2010.1.26改正）18条
トリニダード・トバゴ共和国	○		×両系	憲法（1976）17条 両親の一方が血統以外の理由による市民であること等の条件がある。
トルコ共和国		両系	両系	国籍法（1964.2.1、1981.2.13、2009.6.12）
トンガ王国		両系	両系	国籍及び帰化に関する法律（1915.11.20、1961改正、2007.8.14改正）2条
※ナイジェリア連邦共和国		両系	両系	憲法（1979.10.1）23条
※ナウル共和国		両系	父母が共にナウル市民のとき取得	憲法（1968.1.31）72条 ナウル社会勅令（1965）4条
ニカラグア共和国	○		両系	国籍法（1981.11.12）2条
※ニジェール共和国				（調査中）

国名	生地主義	血統主義 国内で出生	血統主義 国外で出生	根拠法令及び条件等
ニュージーランド	○（2006.1.1以降に生まれ、その者の両親の一方がニュージーランド市民であるか移民法(1987)により無期限に滞在できる場合に限る。）		×両系	市民権法（1977、2005改正）6条、7条 出生の時に父又は母が血統によるニュージーランド市民以外の市民である場合に限る。
ネパール		父系	父系	市民権法（1964.2.28、1992.4.20改正）3条
ノルウェー王国		両系	両系	国籍法（2005.6.10、2018.6.15改正）
※ハイチ共和国		父系	父系	憲法（1964）4条 国籍得喪に関する政令(1974)2条
パキスタン・イスラム共和国	○		×父系	市民権法（1951、1978改正まで）4条、5条 出生登録をする必要がある。
バチカン市国	住民は聖職者とスイス衛兵のみであり国籍の得喪に関する問題は生じない			
※パナマ共和国	○		×両系	憲法（1972.10.2）9条 パナマに住所を有する者でなければならない。
バヌアツ共和国				市民権が当然に付与される者は、バヌアツ原住民の種族又は社会に属している4人の祖父を有する者に限られる（外務省回答）。
※バハマ国		両系	父系	憲法（1973.7.10）6条、8条
バーレーン王国		父系	父系	国籍法（1963、1989改正）
パプアニューギニア独立国		両系	×両系	憲法（1975.8.15）66条 出生子が国会の法令の定めるところにより登録されること。
パラオ共和国		両系	両系	憲法（1981.1.1）3条
パラグアイ共和国	○		×両系	憲法（1992）146条 国内での定住等の要件がある。
※バルバドス	○		×父系	憲法（1966.11.22）4条、5条
ハンガリー共和国		両系	両系	国籍法（1957、1993改正）1条、2条、3条 憲法（2011、2012、2013、2020改正）G条
※バングラデシュ人民共和国	○		×父系	市民権法（1951）4条、5条 出生登録をする必要がある。
フィジー諸島共和国		両系	父系	憲法（1990.7.25）24条、25条
フィリピン共和国		両系	両系	憲法（1987.2.2）1条
フィンランド共和国		両系	両系	市民権法（1968.6.28、1984.8.10改正）1条
※ブータン王国				（調査中）

死亡届１　日本人女と婚姻している外国人男の死亡届を住所地の市区町村長に届け出た場合

届出地の市区町村で届書を受領した日を記入する。

送付を受けた市区町村で届書が送付されてきた日を記入する。

死亡の事実を知った日から７日以内（国外で死亡したときは３か月以内）に届け出なければならない【戸籍法86条１項】。

本例の届出地は届出人の所在地若しくは死亡地である【戸籍法25条、同法88条】。

漢字を使用している国の外国人の氏名については、それが正しい日本文字であるものについてはそのまま、そうでないものは片仮名で記入する（昭58・10・24民二6115号通達）（注意①参照）。
外国人の生年月日は西暦で記入する。

死亡の年月日時分の記載については、ひとくちメモ④（98頁）、ひとくちメモ㉘（105頁）を参照。

外国人のときは死亡時の住民登録をしているところを記入する。

死亡した外国人に日本人配偶者があるときは、その者の戸籍に、死亡による婚姻解消の記載をするので、その他欄にその旨の申出をさせる。

届出人の資格を調査する（注意②参照）。
届出人が外国人であるときは、その本国語により署名し、読み方が明らかでない文字によるものについては片仮名を付記する（昭58・10・24民二6115号通達）。

届書を市区町村に送付するときに記入する。
謄本を作成して送付するときには「これは謄本である」と付記し、職名を記入し職印を押印する【戸籍法施行規則67条、同規則12条２項、３項】。
原本を送付し謄本を自庁で保管する場合であってもこの謄本証明をする。

受附番号は、受理の日（送付の日）にかかわらず、受附帳の記載順に記入する。

判明する限り具体的に記入する（死亡場所の記載方法参照）。外国人配偶者が日本の国外で死亡した場合の婚姻解消事由の記載については、ひとくちメモ㉗（104頁）を参照。

外国人のときは国籍を記入する。国名は略称でもよい（昭49・２・９民二988号回答）。

死亡した者の配偶者の有無を記入する。

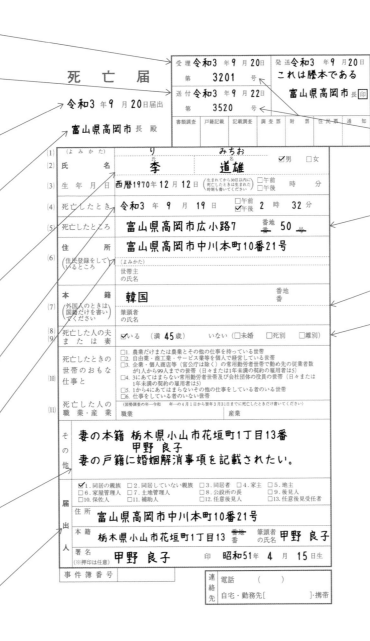

《注意①》
対象外国人の死亡届書中の氏名の記載方法
①市区町村長は、対象外国人の死亡の届出があった場合、届出人に対しては、届書中の死亡者の氏名は片仮名で表記させ、かつ、その横にアルファベット文字による死亡者の氏名をも付記させるものとする。
　ただし、死亡者が中国人、朝鮮人等本国においてその氏名を漢字で表記するものであるときは、漢字による氏名を記載するのみで足り片仮名による表記及びアルファベット文字による付記をさせる必要はない。
②市区町村長は、対象外国人の死亡届の届出人が外国人であるときは、届出人に対しては、その者の本国における氏名の表記方法により届書の署名欄の記載をさせ、かつ、読み方が明らかでない文字によるものについては片仮名を付記させるものとする。
（昭58・10・24民二6115号通達）

| 出生他 |
| 縁組他 |
| 離縁他 |
| 婚姻他 |
| 離婚他 |
| 死亡 |
| 外国人父母への氏変 |
| 親権 |

青い線が引かれているところは、原則として
死亡診断書の記載と一致すること。

死亡届

令和3 年9 月 20日届出

富山県高岡市 長 殿

受理	令和3 年 9 月 20日	発 送 令和3 年 9 月 20日
第	3201 号	これは謄本である
送付	令和3 年 9 月 22日	富山県高岡市 長 印
第	3520 号	
書頬調査	戸籍記載	記載調査	調査票	附 票	住民票	通 知

(1)	（よみかた）	り	みちお	
(2)	氏 名	李	道雄	☑男 □女
(3)	生 年 月 日	西暦1970年12月12日（生まれてから30日以内に死亡したときは生まれた時刻も書いてください）	□午前 □午後 時 分
(4)	死亡したとき	令和3 年 9 月 19日 □午前 ☑午後 2 時 32 分
(5)	死亡したところ	富山県高岡市広小路7 番地 50 号
(6)	住 所 （住民登録をしているところ）	富山県高岡市中川本町10番21号
	（よみかた）世帯主の氏名	
(7)	本 籍 （外国人のときは国籍だけを書いてください）	韓国 番地 番
	筆頭者の氏名	
(8)(9)	死亡した人の夫または妻	☑いる （満 45 歳） いない □未婚 □死別 □離別
(10)	死亡したときの世帯のおもな仕事と	□1. 農業だけまたは農業とその他の仕事を持っている世帯 □2. 自由業・商工業・サービス業等を個人で経営している世帯 □3. 企業・個人商店等（官公庁は除く）の常用勤労者世帯で勤め先の従業者数が1人から99人までの世帯（日々または1年未満の契約の雇用者は5） □4. 3にあてはまらない常用勤労者世帯及び会社団体の役員の世帯（日々または1年未満の契約の雇用者は5） □5. 1から4にあてはまらないその他の仕事をしている者のいる世帯 □6. 仕事をしている者のいない世帯
(11)	死亡した人の職業・産業	（国勢調査の年…令和 年の4月1日から翌年3月31日までに死亡したときだけ書いてください）職業 産業
	その他	妻の本籍 栃木県小山市花垣町1丁目13番 甲野 良子 妻の戸籍に婚姻解消事項を記載されたい。
	届出人	☑1.同居の親族 □2.同居していない親族 □3.同居者 □4.家主 □5.地主 □6.家屋管理人 □7.土地管理人 □8.公設所の長 □9.後見人 □10.保佐人 □11.補助人 □12.任意後見人 □13.任意後見受任者
	住所	富山県高岡市中川本町10番21号
	本籍	栃木県小山市花垣町1丁目13 番地 番 筆頭者の氏名 甲野 良子
	署名	甲野 良子 印（※押印は任意） 昭和51年 4 月 15日生
	事件簿番号	
	連絡先	電話 （ ） 自宅・勤務先[ ]・携帯

死亡診断書（死体検案書）

この死亡診断書（死体検案書）は、我が国の死因統計作成の資料としても用いられます。楷書で、できるだけ詳しく書いてください。

氏 名	李 道雄	①男 ②女	生年月日	昭和45年12月12日 生まれてから30日以内に死亡したときは生まれた時刻も書いてください 午前・午後 時 分
死亡したとき	令和3 年 9 月 19日	午前・午後 2 時 32 分
(12)(13) 死亡したところ及びその種別	死亡したところの種別 1病院 2診療所 3介護医療院・介護老人保健施設 4助産所 5老人ホーム 6自宅 7その他
	死亡したところ 富山県高岡市広小路7 番地 50
	（死亡したところの種別1〜5）施設の名称 高岡病院 （ ）
(14)	死亡の原因	（ア）直接死因	脳出血	発病（発症）又は受傷から死亡までの期間	8時間
		（イ）（ア）の原因	動脈硬化症		3か月
	◆I欄、II欄とも疾病の終末期の状態としての心不全、呼吸不全等は書かないでください	（ウ）（イ）の原因		◆年、月、日等の単位で書いてくださいただし、1日未満の場合は、時、分等の単位で書いてください（例：1年3か月、5時間20分）	
		（エ）（ウ）の原因			
	◆I欄では、最も死亡に影響を与えた傷病名医学的因果関係の順番で書いてください ◆I欄の傷病名の記載は各欄一つにしてください	II 直接には死因に関係しないがI欄の傷病経過に影響を及ぼした傷病名等			
	ただし、欄が不足する場合は（エ）欄に残りを医学的因果関係の順番で書いてください	手術 1無 2有	部位及び主要所見	手術年月日 令和 平成 年 月 日 昭和
		解剖 1無 2有	主要所見	
(15)	死因の種類	①病死及び自然死 外因死 不慮の外因死 2交通事故 3転倒・転落 4溺水 5煙、火災及び火焔による傷害 6窒息 7中毒 8その他 その他及び不詳の外因死 9自殺 10他殺 11その他及び不詳の外因 12不詳の死
(16)	外因死の追加事項	傷害が発生したとき 年 月 日 午前・午後 時 分 傷害が発生したところの種別 1住居 2工場及び建築現場 3道路 4その他（ ）	傷害が発生したところ 都道府県 市区郡 町村
	伝聞又は推定情報の場合でも書いてください	手段及び状況	
(17)	生後1年未満で病死した場合の追加事項	出生時体重 グラム	単胎・多胎の別 1単胎 2多胎（ 子中第 子）	妊娠週数 満 週
		妊娠・分娩時における母体の病態又は異状 1無 2有 3不詳	母の生年月日 昭和 平成 年 月 日 令和	前回までの妊娠の結果 出生児 人 死産児 胎（妊娠満22週以後に限る）
(18)	その他特に付言すべきことがら		
(19)	上記のとおり診断（検案）する 病院、診療所、介護医療院若しくは介護老人保健施設等の名称及び所在地又は医師の住所	診断（検案）年月日 令和3 年 9 月 19日 本診断書（検案書）発行年月日 令和3 年 9 月 19日
		高岡市広小路7 番地 50 高岡病院
	（氏名）医師	品川 次郎

《死亡場所の記載方法》
①飛行中の航空機内での死亡の場合
…「福岡空港から羽田空港に向け飛行中の航空機で死亡」
②航海中の船員が行方不明となった場合
領海内…「富山市沖で死亡」
公海上…「北緯36度7分東経123度50分」
③河川に転落した場合…漂流し、死亡した者の死亡の場所が確定できないときは死体漂着地を死亡の場所として記載する。
④移動中の車中で死亡した場合…死体検案書に「甲賀市土山町から水口病院に運ぶ途中死亡」とある場合、届書・戸籍の記載は、「甲賀市土山町から同市水口町に至る間に死亡」と記載する。

記載漏れが多いので注意。

医師又は歯科医師の「署名のみ」が原則。記名押印されている場合は、ひとくちメモ㉙（105頁）を参照。

《注意②》

届出人

(1) 義務者…①同居の親族、②その他の同居者、③家主・地主・家屋若しくは土地の管理人の順で届出義務がある（戸籍法87条1項）。

(2) 資格者…同居していない親族、後見人、保佐人、補助人、任意後見人及び任意後見受任者も届出をすることができる（戸籍法87条2項）。

(3) 公設所の長又は管理人…国公立の病院その他の施設で死亡した場合に、届出をする者がないときは、その公設所の長又は管理人が届出をしなければならない（戸籍法93条）。

死亡届2　外国で死亡した者につき、日本在住の親族から死亡者の本籍地の市区町村長に届出があった場合

国外で死亡したときは、死亡の事実を知った日から3か月以内に届け出なければならない【戸籍法86条1項】。

死亡の年月日時分の記載については、ひとくちメモ④（98頁）、ひとくちメモ㉘（105頁）を参照。

判明する限り具体的に記入する（死亡場所の記載方法（89頁）参照）。

外国に住所を移しているときは、その国における住所（又は居所）を記入する。

届出時に在籍する戸籍を記入する。

死亡した者の配偶者の有無を記入する。

届出人の資格を調査する（注意参照）。
届出人が外国人であるときは、その本国語により署名し、読み方が明らかでない文字によるものについては片仮名を付記する（昭58・10・24民二6115号通達）。

死 亡 届

令和3 年9 月22日届出

富山県小矢部市 長 殿

受理	令和3年9月22日	←発送	年 月 日	
第	809 号			長印
送付	年 月 日			
第	号			
書類調査	戸籍記載	記載調査	調査票	附票	住民票	通知

届出地の市区町村で届書を受領した日を記入する。

受附番号は、受理の日にかかわらず、受附帳の記載順に記入する。

(1)（よみかた）　こうもと　りょうたろう
(2) 氏 名　甲本　良太郎　☑男　□女
(3) 生年月日　昭和35年8月2日（生まれてから30日以内に死亡したときは生まれた時刻も書いてください）　□午前□午後　時　分
(4) 死亡したとき　令和3 年8 月25 日　☑午前□午後　10 時30 分
(5) 死亡したところ　ブラジル国サンパウロ州モジダスクルゼス市タイアスペーバ治安区クァチンガ地区　番地番 号
(6) 住所（住民登録をしているところ）　ブラジル国サンパウロ州モジダスクルゼス市タイアスペーバ治安区クァチンガ地区
（よみかた）世帯主の氏名
(7) 本籍（外国人のときは国籍だけを書いてください）　富山県小矢部市本町1　番地番
筆頭者の氏名　甲本 良太郎
(8)(9) 死亡した人の夫または妻　☑いる（満57歳）　いない（□未婚□死別□離別）
(10) 死亡したときの世帯のおもな仕事と
□1. 農業だけまたは農業とその他の仕事を持っている世帯
□2. 自由業・商工業・サービス業等を個人で経営している世帯
□3. 企業・個人商店等（官公庁は除く）の常用勤労者世帯で勤め先の従業者数が1人から99人までの世帯（日々または1年未満の契約の雇用者は5）
□4. 3にあてはまらない常用勤労者世帯及び会社団体の役員の世帯（日々または1年未満の契約の雇用者は5）
□5. 1から4にあてはまらないその他の仕事をしている者のいる世帯
□6. 仕事をしている者のいない世帯
(11) 死亡した人の職業・産業（国勢調査の年…令和　年…の4月1日から翌年3月31日までに死亡したときだけ書いてください）　職業　産業

その他　死亡証明書及び訳文

届出人　□1. 同居の親族　☑2. 同居していない親族　□3. 同居者　□4. 家主　□5. 地主　□6. 家屋管理人　□7. 土地管理人　□8. 公設所の長　□9. 後見人　□10. 保佐人　□11. 補助人　□12. 任意後見人　□13. 任意後見受任者
住所　富山県小矢部市本町1番1号
本籍　富山県小矢部市本町1　番地番　筆頭者の氏名　甲本 良一
署名（※押印は任意）　甲本 良一　印　昭和43年8月15日生
事件簿番号
連絡先　電話（　）　自宅・勤務先[　]・携帯

《添付資料》
死亡証明書又は死亡登録証明書と訳文

《注意》
届出人
(1) 義務者…①同居の親族、②その他の同居者、③家主・地主・家屋若しくは土地の管理人の順で届出義務がある（戸籍法87条1項）。
(2) 資格者…同居していない親族、後見人、保佐人、補助人、任意後見人及び任意後見受任者も届出をすることができる（戸籍法87条2項）。
(3) 公設所の長又は管理人…国公立の病院その他の施設で死亡した場合に、届出をする者がないときは、その公設所の長又は管理人が届出をしなければならない（戸籍法93条）。
(4) 届出資格のない者からの届出は、管轄法務局の長の許可を得て職権記載する。

この死亡証明書は参考として掲載したものであり、記載例の内容とは合致しておりません。

出生他

縁組他

離縁他

婚姻他

離婚他

死亡

外国人父母への氏変

親権

REPÚBLICA FEDERATIVA DO BRA...

REGISTRO CIVIL

ESTADO DE v SÃO PAULO
COMARCA DE MOGI DAS CRUZES
MUNICÍPIO DE MOGI DAS CRUZES
DISTRITO DE TAIAÇUPEBA

=JOSÉ CARLOS CAMPOS DA CUNHA=
Oficial Interino - do Registro Civil

CERTIDÃO DE ÓBITO

CERTIFICO que, em data de 13 de Março - - - - de 19 no Livro
Nº C -9 -- à fls. 03 - - sob o N 3.870 - - - foi feito o Registro de Óbito de

falecida - em 12 de Março - - - - - de às 10:30 -- horas, neste
distrito em domicilio, no Bairro do Quatinga - - - - - - - -
do sexo amarela - - - profissão - - - - - - -
natural de Toyama, no Japão - - - - - - - - - - -
domiciliado e residente no Bairro do Quatinga, nesta distrito - - - - -
com sessenta (60) anos - - - de idade, estado civil casada - - - filh a de
e de dona - - - - - - - - - - - - - -

tendo sido declarante - - - - - - - - - - - - - -
e o óbito atestado pelo Dr. Aquira Noda - - - - - - - - - -
que deu como causa da morte Taxomia - - - - - - - - - - -
- - - - - - - - - - - - - - - - e o sepultamento foi feito no cemitério de
Mogi das Cruzes - - - - - - - - - - - - - - -
Observações: À Margem nada consta. - - - - - -

SELOS E TAXAS PAGOS

Certidão « Verbo ad Verbum »
em (part. Tab. M, Item VI, letra « B »

O referido é verdade e dou fé.
Taiaçupeba - - 05 de Setembro - - de

Tabellião JOSÉ CYRILLO

José Carlos Campos da Cunha

翻訳者　在サンパウロ
日本国総領事館領事
原文の翻訳に相違ない。

死亡証明書（要訳）

ブラジル連邦共和国　サンパウロ州　モジダスクルゼス司法区
モジダスクルゼス市　タイアスペーパ治安区　第　　分区
戸籍吏　ジョゼカルロスカンポスダクーニャ
本役場死亡登録原簿　Ｃ９号　３葉　３８７０番の下に登録する。

死亡者姓名	甲本良太郎	性別	男
皮膚色	黄　年齢　６２　職業　農業		
出生地	日本　富山県	配偶関係	既
死亡日時	２００６年　３月１２日　１０時３０分		
死亡場所	自宅　当治安区クァチンガ地区		
所在	同上		
死亡者父姓名	甲本良次	死亡者母氏名	甲本つね
届出人	甲本忠司		
診断医師	ノダアキラ		
死因	毒血症		
埋葬（墓地）	モジダスクルゼス		

上記のとおり証明する。

２００６年　３月１３日

戸籍吏＿＿＿＿＿＿＿＿＿＿＿＿

91

出生他
縁組他
離縁他
婚姻他
離婚他
死亡
外国人父母への氏変
親権

外国人父母の 氏への氏の変更届1 （戸籍法107条4項の届）

外国人夫婦の養子となった者（15歳未満）につき、養父母の氏に変更する届出を法定代理人からする場合

届出地の市区町村で届書を受領した日を記入する。

送付を受けた市区町村で届書が送付されてきた日を記入する。

届出により効力が発生するので必ず記入する。

届出地は事件本人の本籍地又は届出人の所在地である【戸籍法25条】。

この届出には家庭裁判所の許可を必要とするので、その審判の確定の年月日を記入する。

この届出は戸籍の筆頭者でない者であっても例外として氏の変更を認めた戸籍法107条4項の規定によるものである。届出事件本人（届出人ではない者）について新戸籍を編製することになるので、従前の本籍を記入する【戸籍法30条3項】。ただし、事件本人が15歳以上の場合には、その者が届出人となるので、希望する新本籍地を記入する。

住民登録をしているところを記入する。

届出人の国籍を有する国名を記入する。国名は略称でもよい。

外国人の署名（サイン）は原則として本国文字で行う。イニシャル等記号のような署名（サイン）の場合は、フルネームを併記させる。

外国人の生年月日は西暦で記入する。

《添付書類》
氏変更許可の審判書謄本及び同確定証明書

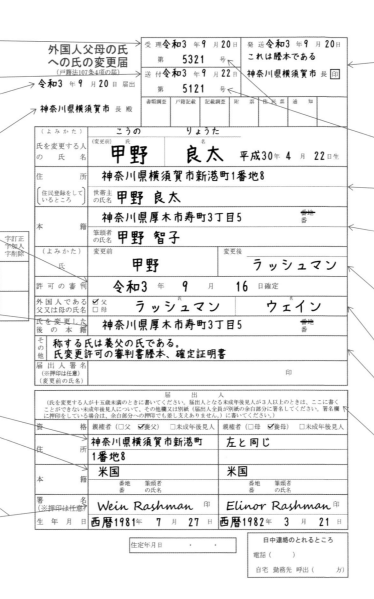

届書を市区町村に送付するときに記入する。謄本を作成して送付するときには「これは謄本である」と付記し、職名を記入し職印を押印する【戸籍法施行規則67条、同規則12条2項、3項】。原本を送付し謄本を自庁で保管する場合であってもこの謄本証明をする。

受附番号は、受理の日（送付の日）にかかわらず、受附帳の記載順に記入する。

届出時に住民登録をしているところを記入する。

届出時に在籍する戸籍を記入する（日本人が外国人の養子となっても氏の変動はないので、日本人親の戸籍に在籍したままである。）。

外国人である養父又は養母の氏として戸籍に記載されているものと同一の表記でなければならない。ただし、その氏のうち子に承継されない部分（氏としてのミドルネームは承継されないことが多い。）を除いたものであるときはそのままでよい。

戸籍に記載されている養親の表記にあわせる。

外国人養親の氏を称する旨記入する。

氏を変更しようとする者が15歳未満のときは、その法定代理人が届出人となる（注意参照）。

《注意》
国際的親子関係における親権の準拠法は、原則として子の本国法による（子の本国法が、父又は母の本国法と同一である場合）が、父母（養父母）と子の本国法が異なるときは子の常居所地法となるので、本事例の場合、共同親権者の双方からの届出となる。

外国人父の称している氏に変更する届出を法定代理人からする場合

届出地の市区町村で届書を受領した日を記入する。

送付を受けた市区町村で届書が送付されてきた日を記入する。

届出により効力が発生するので必ず記入する。

届出地は事件本人の本籍地又は届出人の所在地である【戸籍法25条】。

氏を変更しようとする者（事件本人）の変更前の氏名を記入する。

届出時に住民登録をしているところを記入する。

戸籍に記載されている外国人父の表記にあわせる。

届出時の住民登録をしているところを記入する。

届出時に在籍する戸籍を記入する。外国人はその国籍を記入する。国名は略称でよい。

外国人の署名（サイン）は原則として本国文字で行う。イニシャル等記号のような署名（サイン）の場合は、フルネームを併記させる。

外国人の生年月日は西暦で記入する。

《添付書類》
氏変更許可の審判書謄本及び同確定証明書

届書を市区町村に送付するときに記入する。謄本を作成して送付するときには「これは謄本である」と付記し、職名を記入し職印を押印する【戸籍法施行規則67条、同規則12条2項、3項】。原本を送付し謄本を自庁で保管する場合であってもこの謄本証明をする。

受附番号は、受理の日（送付の日）にかかわらず、受附帳の記載順に記入する。

届出時に在籍する戸籍を記入する（外国人を父とする子は嫡出の場合であっても出生によりその父の氏を称することはなく、日本人母の戸籍に入る）。

外国人である父の氏として戸籍に記載されているものと同一の表記でなければならない。ただし、その氏のうち子に承継されない部分を除いたものであるときはそのままでよい。

この届出には家庭裁判所の許可を必要とするので、その審判の確定の年月日を記入する。

この届出により従前本籍と同一の場所に新戸籍を編製することになるので、従前の本籍を記入する【戸籍法30条3項】。ただし、事件本人が15歳以上の場合には、その者が届出人となるので、希望する新本籍地を記入する。

氏を変更しようとする者が15歳未満のときは、その法定代理人が届出人となる（注意参照）。

《注意》
国際的親子関係における親権の準拠法は、原則として子の本国法による（子の本国法が、父又は母の本国法と同一である場合）。本事例の場合、子と母の本国法が同一であるため日本法が準拠法となるので、共同親権者の双方からの届出である。

外国人父母の氏への氏の変更届（戸籍法107条4項の届）

令和3年 9月 20日届出

横浜市戸塚区 長殿

受理　令和3年9月20日　第12031号
発送　令和3年9月20日　これは謄本である　横浜市戸塚区 長印
送付　令和3年9月22日　第6839号

書類調査／戸籍記載／記載調査／附票／住民票／通知

（よみかた）	こうの	りょうた	
氏を変更する人の氏名	（変更前）氏 甲野	名 良太	平成30年10月17日生
住所 住民登録をしているところ	神奈川県横浜市戸塚区戸塚町2833番地　世帯主の氏名 甲野 智子		
本籍	富山県黒部市三日市1301番地　筆頭者の氏名 甲野 智子		

字訂正　字加入　字削除
届出印

（よみかた）氏	変更前 甲野	変更後 スミス
許可の審判	令和3年9月11日確定	
外国人である父又は母の氏名	☑父 □母　氏 スミス	名 ジョン
氏を変更した後の本籍	富山県黒部市三日市1301番地	
その他	添付書類　氏変更許可の審判書謄本、確定証明書	
届出人署名（※押印は任意）（変更前の氏名）		印

届出人
（氏を変更する人が十五歳未満のときに書いてください。届出人となる未成年後見人が3人以上のときは、ここに書くことができない未成年後見人について、その他欄又は別紙（届出人全員が別紙の余白部分に署名してください。署名欄に押印をしている場合は、余白部分への押印でも差し支えありません。）に書いてください。）

資格	親権者（☑父 □養父）　□未成年後見人	親権者（☑母 □養母）　□未成年後見人
住所	神奈川県横浜市戸塚区戸塚町2833番地	神奈川県横浜市戸塚区戸塚町2833番地
本籍	米国	富山県黒部市三日市1301番地　筆頭者の氏名 甲野 智子
署名（※押印は任意）	John Smith　印	甲野 智子　印
生年月日	西暦1987年1月31日	平成3年6月1日

住定年月日

日中連絡のとれるところ
電話（　）
自宅 勤務先 呼出（　）方

| 親権（管理権）届 | 外国人父から日本人母へ親権者を変更する審判が確定し、その届出が本籍地の市区町村長にあった場合 |

届出地の市区町村で届書を受領した日を記入する。

受附番号は、受理の日にかかわらず、受附帳の記載順に記入する。

《一般的注意事項》
1．届書
　親権及び管理権に関する届出は、9種類あるが、すべてこの届書様式により届出する（昭59・11・1民二5502号通達）。
　ただし、離婚の際の親権者指定【民法819条1項、同条2項】については、離婚届書に記載する【戸籍法76条、同法77条】。
2．届出人
　①協議による親権者指定届【民法819条3項、同条4項、戸籍法78条】
　　左欄…親権者となった父又は母
　　右欄…協議の相手方となった父又は母
　②調停又は審判による親権者指定届【民法819条5項】
　　…親権者となった父又は母【戸籍法79条】
　③親権者変更届【民法819条6項】
　　…親権者となった父又は母【戸籍法79条】
　④親権又は管理権の喪失若しくは親権停止取消届【民法836条】
　　…親権又は管理権の喪失若しくは親権停止取消の審判を請求した者【戸籍法79条】
　⑤親権又は管理権の辞任又は回復届【民法837条】
　　…親権を辞任又は回復しようとする父又は母【戸籍法80条】
3．添付書類
　①親権者の指定届・変更届
　　…調停調書の謄本又は審判書謄本及び確定証明書
　②親権又は管理権の喪失若しくは親権停止取消届
　　…審判書謄本及び確定証明書
　③親権又は管理権の辞任届・回復届
　　…許可の審判書の謄本
4．渉外的親権の準拠法
　ひとくちメモ㉚（105頁）参照

審判確定の日から10日以内に届け出なければならない【戸籍法79条、同法63条1項】。

届出地は、子の本籍地又は届出人の所在地である【戸籍法25条1項】。

審判で変更後の親権者と定められた父又は母である。

届出時に住民登録をしているところを記入する。

届出時に在籍する戸籍を記入する。

親権者変更に「✓」印をつけ、審判確定の日を記入する。

届出人は、審判によって親権者となった父又は母である。（《一般的注意事項》2．届出人）を参照。

《添付書類》
審判書謄本及び同確定証明書

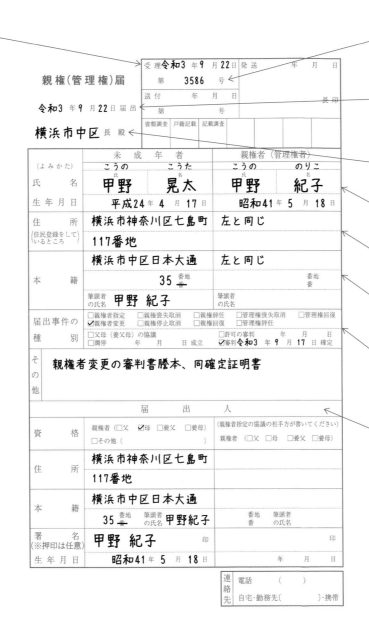

94

出生他

縁組他

離縁他

婚姻他

離婚他

死亡

外国人父母への氏変

親権

○出生による国籍取得に関する各国法制一覧⑥

国名　フ～ロ（アイウエオ順）

〔凡例〕
1　※印を付した国は、最新の法令を調査中の国である。
2　「根拠法令」欄に「調査中」とあるのは、当該外国の国籍関係法令が不明なものである。
3　国名の配列は五十音順とした。なお、国名は正式名称により表記したが、必要に応じ略称等をカッコ書きで付記した。
4　生地主義……生地主義について○印を付した上、いわゆる条件付生地主義の場合は、カッコ書きで条件の主な内容を明示した。
　　（注）　いわゆる補充的生地主義については、これにより重国籍となる事例が乏しいため、記載を省略した。
5　血統主義……血統主義については、当該国内で出生した場合と当該国外で出生した場合とに分け、いわゆる父母両系主義は「両系」と、父系主義は「父系」とそれぞれ略記し、出生登録、居住等の条件が付されている場合は「両系」のように×印を肩書した。なお、条件の内容について確認できるものにつき表記した。

国　　名	生地主義	血統主義 国内で出生	血統主義 国外で出生	根拠法令（制定及び改正年月日）及び条件等
ブラジル連邦共和国	○		両系	憲法（1988. 10. 5、1994. 3. 8改正）12条、国籍法（1949. 9. 18、1966. 10. 20改正）1条、憲法（1994. 6. 7）12条、憲法（2007. 9. 20）12条
フランス共和国	○（両親の一方がフランスで生まれた場合におけるフランスで生まれた子）	両系	両系	民法（1998. 3. 16改正）18条、19条の3
※ブルガリア共和国		両系	両系	市民権法（1968. 10. 11）6条
※ブルキナファソ（旧、上ヴォルタ共和国）		両系	×両系	国籍法（1960）15条、16条　成年に達する6月以内に放棄できる。
※ブルネイ・ダルサラーム国（ブルネイ）		父系	×父系	国籍法（1961. 12. 12）4条　出生後6月以内に登録する等の条件がある。
※ブルンジ共和国		父系	父系	国籍法（1971. 8. 10）2条
ベトナム社会主義共和国		×両系	×両系	国籍法（1998. 5. 20、2008（2009. 7. 1施行））15条、16条、17条　父母の一方が外国人の場合は、出生登録時に書面による同意が必要。父母の一方が外国人の場合で、国内で出生した者は、父母が国籍選択の同意に至らなかったときは、ベトナム国籍を取得する。
※ベナン共和国（旧、ダホメ）		父系	父系	国籍法（1965. 6. 23）12条
ベネズエラ・ボリバル共和国	○		×両系	憲法（1961. 1. 23、1973. 5. 11、1999改正）32条　両親が出生によるベネズエラ人以外の場合、出生子につき住所要件や国籍取得の意思表示をする等の要件がある。
ベラルーシ共和国		両系	×両系	市民権法（1991. 10. 18）8条、9条、10条　子の出生時において、一方の親がベラルーシ市民であり、ベラルーシ国外に永住していたときは、ベラルーシ国外で出生した子の市民権は、書面で提出された両親の意思により決まる。
ベリーズ	○		両系	憲法（1981. 9. 20）24条、25条　国籍法（1981. 11. 23）5条
ペルー共和国	○		×両系	憲法（1993. 12. 29）52条　成年に達するまでに所定の登録が必要。
ベルギー王国		両系	×両系	国籍法（1984. 6. 28）8条　親がベルギー領土内等で出生した者であること。又は出生から5年以内に届出すること等の条件がある。
※ボツワナ共和国				（調査中）
ポーランド共和国		両系	両系	国籍法（1962. 2. 15）4条、6条
※ボリビア共和国	○		×両系	憲法（1967. 6）36条　国内に住居を定めるか、領事館に登録すること。
ポルトガル共和国		両系	×両系	国籍法（1981. 10. 3、1994. 8. 19改正）1条　ポルトガル国籍を有したい旨の宣言又は出生登録が必要。
ホンジュラス共和国	○		両系	憲法（1936. 3. 28、1982. 1. 11改正）23条
マケドニア旧ユーゴスラビア共和国		×両系	×両系	マケドニア共和国市民権法（1992. 11. 11）4条、5条（国内）父母の一方がマケドニア国民の場合、他の一方の親の国籍を取得することについて父母が同意している場合を除く。（国外）父母の一方がマケドニア国民の場合、18歳までに市民としての登録、又は居住条件がある。
マダガスカル共和国		父系	父系	国籍法（1960. 7. 22）9条
※マラウイ共和国		×両系	×両系	憲法（1966. 7. 6）4条、5条（国外）父又は母が生まれながらのマラウイ人であること等の条件がある。（国内）父の出生地、子の出生地の条件がある。

国　　名	生地主義	血統主義 国内で出生	血統主義 国外で出生	根拠法令（制定及び改正年月日）及び条件等
※マリ共和国		父系	父系	国籍法（1962. 3. 1、1968. 7. 27改正）8条、9条
※マルタ共和国	○（父母の一方が市民であること）		×父系	憲法（1964）26条 父の市民権の取得形態による。
マレーシア	○（父母の一方が市民であるか、又は永住者であること）		×父系	憲法（1984. 1. 15現在）14条、第二附則第2編第1 父の国内での出生、勤務、子の登録等の条件がある。
ミクロネシア連邦		両系	両系	憲法（1979. 5. 10）3条2項、国籍法（1982）101条、202条
南アフリカ共和国	○（父が市民でなく、また国内永住許可されておらず、かつ母が市民でない者は取得しない）		×父系	市民権法（1949. 9. 2、1984改正）2条、3条、4条、5条、6条、7条 父が国内で出生したこと、父が国内居住していること等の条件がある。
ミャンマー連邦		×両系	×両系	市民権法（1982. 10. 16）7条 両親の一方が外国籍の場合には国の内外を問わず国籍を取得しない。
メキシコ合衆国	○		両系	憲法改正令（1997. 3. 20）30条
※モザンビーク共和国	○（外国人を両親とする子は、モザンビーク国民となる旨を宣言したときに限る）	両系	両系	憲法（1990. 11. 2）11条、12条、19条
※モナコ公国				（調査中）
※モーリシャス共和国	○		×父系	憲法（1977. 2. 1）22条 父の市民権取得の方法により子の市民権取得の有無が決定される。
※モーリタニア・イスラム共和国	○（父母の一方が国内で生まれていること）	父系	父系	国籍法（1961. 6. 24、1973. 1. 23改正）8条、9条
モルディブ共和国		父系	父系	憲法（1968. 1. 11、1975. 4. 15改正）4条
モロッコ王国		両系	両系	国籍法（1958. 9. 6、2007. 4. 5改正、同日施行）6条 父母両系主義の採用に係る規定は、改正法公布日前に出生したすべての者に適用される。
※モンゴル国		両系	両系	国籍法（1974. 12. 30）3条
※ヨルダン・ハシェミット王国（ヨルダン）		両系	両系	国籍法（1954）3条、9条
ラオス人民民主共和国		両系	×両系	国籍法（1990. 11. 29）9条、10条

国　　名	生地主義	血統主義 国内で出生	血統主義 国外で出生	根拠法令（制定及び改正年月日）及び条件等
ラトビア共和国		両系	×両系	市民権法（1994. 7. 22）2条、3条 両親の一方がラトビア国籍で国外で生まれた場合、子の出生時に子供と共に住む親がラトビアに永住している等の条件がある。
リトアニア共和国		両系	両系	リトアニア共和国国籍法（2002. 9. 17、2009. 3. 19改正）8条、9条
※社会主義人民リビア・アラブ国（リビア）		×両系	×両系	市民権法（1980. 11. 4）2条
※リヒテンシュタイン公国				（調査中）
※リベリア共和国	○（ニグロ、又はニグロ系の者であること）		父系	新外国人法及び国籍を制定する法律（1973. 5. 15、1974改正）20条の1
ルクセンブルク大公国		両系	両系	国籍法（1968. 2. 22、1986. 12. 11改正）1条
ルーマニア		両系	両系	市民権法（1971. 12. 7）5条、6条
※ルワンダ共和国		両系	両系	ルワンダ国籍に関する基本法（2008. 7. 25）6条
レソト王国	○（父が連邦の市民であること）		×父系	市民権令（1971）5条、6条 父の市民権取得の原因如何により決定される。
※レバノン共和国		父系	父系	国籍に関する命令（1925. 1. 19）1条
ロシア連邦		両系	×両系	ロシア連邦国籍法（2002. 7. 1施行）12条 両親の一方がロシア国籍で、他方が外国籍の場合、国外で出生したときには取得しない。
北マリアナ諸島連邦	1987年11月4日以降北マリアナ諸島連邦で出生した者はアメリカ合衆国市民となる。			北マリアナ諸島連邦盟約（1987. 11. 4）301項、302項、303項

ひとくちメモ

1 戸籍届書の押印について

デジタル社会の形成を図るための関係法律の整備に関する法律の施行に伴い、戸籍法が以下のとおり改正された（令3・9・1施行）。

① 届書には、届出人本人が署名しなければならないが、押印を不要とすることとした【戸籍法29条】。

② 証人を必要とする事件の届書には、証人本人が署名しなければならないが、押印を不要とすることとした【戸籍法33条】。

③ 口頭で届出をする場合、書面には、届出人本人に署名させなければならないが、押印を不要とすることとした【戸籍法37条2項】。

④ 届出事件について父母その他の者の同意又は承諾を必要とするときは、同意又は承諾をした者に、届書にその旨を付記させて、署名させるだけで足り、押印を不要とすることとした【戸籍法38条1項】。

⑤ 航海中に出生があったときにおける航海日誌への船長の押印を不要とすることとした【戸籍法55条1項】。

2 外国人の氏名について

1 外国人の氏名の記載について

届書の外国人の氏名は、フルネームで記載することを要するが、外国人の慣例として特にフルネームと求められない限り、ミドルネームは頭文字ですますことが多いので、証明書等によりフルネームを確認する。

2 外国人の氏名の構成について

外国人の氏名は
(1) First Name（Christian Name 又は Given Name ともいう）
(2) Middle Name（Second Name ともいう）
(3) Last Name（Family Name 又はSurname ともいう）
で構成されるものが多いが、ミドルネームには複数姓（父方の姓と母方の姓から構成されることが多い）である場合と複数名である場合があるので、注意を要する。
＊複数姓—ヨーロッパ諸国、中南米諸国、フィリピン等。
＊複数名—英米等（最近は1語名もみられる）。
なお、東南アジア諸国は最近まで、姓を使用していなかった国が多く、いまだに姓を有していない国民も多い。

3 フィリピン人の氏名の表記方法

フィリピン国におけるミドルネームは、一般的には母方の姓（ファミリーネーム）が用いられる（嫡出子について—フィリピン民法364条、フィリピン家族法174条、妻について—フィリピン民法370条）ので、証明書等の記載は
(1) First Name（名に相当する部分）
(2) Middle Name（母方の姓）
(3) Last Name（父方の姓）
とされている。
戸籍に記載するときは氏に相当する部分（上記(2)及び(3)）を先に、名に相当する部分を後にし、氏と名の間には「、」を入れることとされている（昭59・11・1民二5500号通達）ので、片仮名で表記するときは「母方の姓＋父方の姓、名」の順に記載する。

3　出生届書における外国人である子の氏名の表記について

1　片仮名で表記される場合

　　子が外国人である場合、その子の氏名は、原則として片仮名で表記し、その下にローマ字を付記させることとされているが（昭56・9・14民5537号通達）、欧米文字の発音は国により又は地方によっても様々であり、市区町村長が書面審査においてどのように発音するかを決定するのは困難であるので、当事者がした表記を正しいものとして取り扱えばよい。

　　ところで、一旦外国人の氏名が戸籍に記載されている場合に、その者に関わりのある戸籍届出において、先の片仮名表記とは異なる表記をしてきた場合は、その届出中の記載が実際の発音に近いものだとしても戸籍の公示の統一性をはかる必要から最初に戸籍に記載された表記に従うべきである。

　　当事者が戸籍の訂正を望むときは、戸籍法113条の戸籍訂正手続によるべきである。

2　漢字で表記しても差し支えない場合

　　子が中国人、韓国人等で本国法上氏名を漢字で表記する外国人である場合は、正しい日本文字としての漢字を用いるときに限り、片仮名による表記を必要としないが（上記通達）、本国文字が康熙字典体や簡略字体である場合にそれに対応する日本の正字を記載してきた場合も、そのまま受理してよいであろう。

4　外国における出生（死亡）年月日時の記載について

　　出生（死亡）届書に記載すべき「出生（死亡）年月日時分」は、出生（死亡）地における標準時によるとされている（昭30・6・3民事甲1117号回答二）。

5　子の名に用いることのできる文字

1　原則　（戸籍法50条、戸籍法施行規則60条、平22内閣告示2号、平22省令40号、平16・9・27民一2664号通達）

①　常用漢字（括弧書きを除く）
②　規則別表第二に掲げる漢字（人名用漢字別表）
③　片仮名又は平仮名（変体仮名を除く）
④　直前の文字のくりかえしに使う「ゝ」「ゞ」又は「々」および直前の音を引きのばす「ー」

2　その他の制限

　　上記の文字であっても、同一戸籍内の者と同一の名をつけることはできない。
　　ただし、除籍された者と同一の名をつけることは許される。

6 国により嫡出子の規定が異なる

　日本の民法によれば嫡出子とならない場合であっても、外国人父又は母の本国法によれば、嫡出子となる場合（極めて稀である）がある。
　例えば、日本人父（又は母）と台湾系中国人母（又は父）の離婚後302日目の出生子がこれに当たる【中華民国民法1062条】。他にオランダ（306日以内）【オランダ民法第1編199条】等がある。

7 事実主義と戸籍の取扱い

1 嫡出でない子の親子関係について

　認知を要件とすることなく、生理上の血縁関係が存在すれば、これをもって法律上の父子関係を認める法制を「事実主義」という。
　わが国の民法は、父子関係については「認知主義」により、母子関係については分娩という事実により法律上の親子関係を認めている。

2 嫡出でない子の場合の渉外的親子関係について

　父との間は子の出生当時の父の本国法により、母との間はその当時の母の本国法による【法の適用に関する通則法29条1項】ので、日本人母が嫡出でない子を出生した場合において、外国人父の本国法が事実主義を採用しているときは、その証明書等を提出して子の戸籍に父の氏名を記載することができる（平成元年通達第3の2(2)）。

3 子の父欄の父の氏名の記載

　嫡出でない子の出生届書の父欄に氏名の記載があり、「その他」欄に父の本国法が事実主義を採用している旨の記載があり、かつ、父の国籍証明書、父の本国法上事実主義が採用されている旨の証明書及びその者が事件本人の父であることを認めていることの証明書（父の申述書、父の宣誓署名ある出生証明書等）の提出があるときは、その子の戸籍に父の氏名を記載する（上記同通達）。

4 子の父欄に父の氏名の記載ができない場合の取扱い

　当初の出生届の際に、父の本国法が事実主義を採用している場合の取扱いについて届出人が不知であったり、あるいは必要書類が揃わなかった等の理由により、子の父欄に父の氏名が記載されなかった場合は、後日上記関係書類を添付して当初の出生届に父の氏名を記載する旨の追完の届出を母からすることができる（上記同通達、「出生届の追完（20頁）」参照）。

※事実主義を採用している国々……ニュージーランド、中国、フィリピン等

8 外国人に関する追完届の処理

　追完届によって、先にされた届書の記載内容が実質的に訂正（例えば、錯誤を原因とする子の名の訂正）されるので、追完届と基本の届書とは関連づけて保存しなければならない。そのためには、

① 受付ファイルへ関連番号を記録
② 記載不要届書目録の備考欄への記載
③ 追完届書の原本に基本届書の写しを基本届書の原本に追完届書の写しを添付する。

等の処理が必要である。

ひとくちメモ

9 「出生証明書の様式等を定める省令の一部を改正する省令」による取扱い

医師、助産師又はその他の出産立会者が作成する「出生証明書」について、作成者の押印又は署名を不要とし、作成者の「氏名」を記載するように改め、様式中の「印」を削除することとした（令2・12・25政統発1225第4号厚生労働省政策統括官通達）。

10 生後認知と出生による国籍取得

外国人母の夫の嫡出推定を受ける子について夫の嫡出推定が排除され日本人男から認知の届出があった場合、平成9年10月7日最高裁判所判決は「戸籍の記載上嫡出の推定がされなければ日本人である父により胎児認知がされたであろうと認めるべき特段の事情がある場合には、右胎児認知がされた場合に準じて、国籍法2条1号の適用を認め子は生来的に日本国籍を取得すると解するのが相当である。」とし「特段の事情がある場合」の要件として

① 母の夫と子との間の親子関係不存在を確定するための法的手続が子の出生後遅滞なく執られたこと
② 父との親子関係不存在が確定されて認知の届出を適法にすることができるようになった後速やかに認知の届出がされること

と判示した。

具体的な処理は、判決に伴い発出された通達（平10・1・30民五180号通達）により取り扱うこととされている。

11 渉外胎児認知届の取扱いについて

日本人男が外国人女の胎児を認知し、その後子が出生すると子は日本国籍を取得するという重要な効果が発生するので、その取扱いにつき平成9年1月8日付けで法務省民事局第二課補佐官事務連絡がされている。

① 届書に不備及び不足書類がある場合は、即日受理の決定ができないので、発収簿に登載・受領し、後日補完させる。

② 補完されれば適法な届書となるので受理し、不適法な届書は不受理とする。
　なお、不受理の理由が他男の嫡出の推定を受ける場合は、後日推定が排除されれば、不受理を撤回し受理する旨、届出人に説明する。

③ 胎児認知後、胎児が出生し他男の嫡出の推定を受ける場合は認知の要件を欠くので、受理を撤回し不受理とする。この場合前記②と同様の説明をする。

12 単独縁組の可否について

日本人夫が外国人妻の未成年の嫡出でない子を養子とする場合、日本の民法では必要的共同縁組とされている。ところが、外国人妻の本国法で、自己の嫡出でない子を養子とすることができないとされている場合、日本人夫が単独で縁組をすることができるかが問題となるが、この場合は、民法795条ただし書（配偶者が意思を表示することができない）により認めてもよいとされている（平成元年通達の解説）。

13 協議離縁制度の有無の証明

　この証明については、本国官憲が発給したその旨の証明書か又は出典を明示した法文の写し（ただし証明は必要）でもよいとされている。

　しかし、当事者が証明した書面（申述書等）は、これに代えることができない。

　ただし、韓国人及び台湾系中国人のように、その国の法制が把握されている場合や、その他の国についても、協議離縁の制度があることが先例等で判明している場合は、提出を求める必要はない。

14 外国人父の本国法が事実主義を採用している場合の婚姻準正による戸籍の処理

⑴　婚姻前に出生の届出がなされ、これに基づき父の氏名が記載されている場合は、婚姻届書の「その他」欄に準正嫡出子となる旨、子の戸籍の表示及び続柄の訂正事項を記載し続柄欄を訂正する。

⑵　婚姻の届出後、父の国籍証明書、父の本国法上で事実主義が採用されている旨の証明書及び子の父であることを認めている証明書を添付して、父の氏名を記載する旨の追完届（出生届）が提出された場合は、所要の処理をする。

⑶　婚姻の届出後、婚姻前に出生した子について、母から、届書の「その他」欄に父母婚姻の旨を記載し、かつ、前記⑵の証明書を添付して嫡出子出生届があった場合は、嫡出子として戸籍に記載する。父から当該証明書及び子の父に相違ない旨の母の申述書を添付して当該出生の届出をすることもできる（以上、平成元年通達第3の3なお書）。

15 外国の方式による婚姻等の成立についての審査

　外国の方式により婚姻等が成立した旨の証書の謄本の提出があった場合の審査については、その証書が真正に成立したものであるかどうかを確認した上、その国の方式によって成立したものであるかどうかを審査する。

　また、実質的成立要件についても、準拠法に基づく要件を充足しているかどうかを審査する。

16 要件具備証明書とは

　自己の本国法で規定されている身分行為の要件具備について、権限ある本国官憲が発給した証明書をいう。

　権限ある官憲については、警察署長（デンマーク）、牧師（スウェーデン）等各国各様である。

　出生登録証及び役場の担当官の署名のある父母の結婚同意書、あるいは出生証明書及び父母の結婚証明書だけでは、婚姻要件具備証明書としては不十分である。

17　日本人の婚姻要件具備証明書

　日本人が外国の方式によって婚姻する場合に、婚姻要件具備証明書を求められたときは、本籍地の市区町村長が発給すべきであるが、婚姻当事者が戸籍全部事項証明書を提示して発給方を申し出たときは、法務局又は地方法務局の長、大使、領事等も発給することができる（昭31・11・20民事甲2659号回答）。

　法務局が発行する証明書の様式は下記のとおりとされている（平14・5・24民一1274号通知）。本籍地の市区町村長が発行する場合もこの様式に準じることが好ましい。
　なお、その場合は、「何年何月何日付け○○市（区町村）長発行の戸籍の全部（一部）事項証明書によれば」の部分は「当庁備付の戸籍原簿によれば」となる。

		交付番号第　　号
		証　明　書

証　明　書

	戸籍の表示（本　籍　地）	
	（筆頭者氏名）	
事件本人	出　生　地	
	父	続柄
	母	
	氏　　　名	
	生年月日	
相手方	国　　　籍	
	氏　　　名	
	生年月日	性別

何年何月何日付け○○市（区町村）長発行の戸籍の全部（一部）事項証明書によれば、上記事件本人は独身であって、かつ、婚姻能力を有し、相手方と婚姻するにつき、日本国法上何等の法律的障害のないことを証明する。

年　　月　　日

○○（地方）法務局長　何　某

18　外国人配偶者の氏について

　日本人と外国人間の婚姻については、民法750条の適用はなく、外国人配偶者の氏についてはその者の本国法により決するとするのが戸籍事務の取扱いである（昭40・4・12民事甲838号回答等）。

　したがって、「姓不変の原則」をとる韓国人妻が婚姻により日本人夫の氏を称することはない。

　また、氏変更を認める国にあって、その者の本国法により氏を日本人配偶者の氏に変更したとして戸籍の身分事項欄の記載や夫婦間の嫡出子父母欄の記載を日本人配偶者の氏（漢字）を用いて表記することを希望するときは、出生届又は申出書に権限ある本国官憲の発行した証明書を添付してその旨申し出ることとされている（昭55・8・27民二5218号通達）。

19　外国人の身分関係の公証

　届出事件の本人が外国人のみの場合（日本国籍のない子の出生届等）、届出がされても戸籍の記載はされない。このような場合に外国人の身分関係を公証するには、届出の受理証明書又は届書の記載事項証明書の交付によることになる【戸籍法48条】。

20 婚姻要件具備証明書に代わるもの

(1) 宣誓書
　在日アメリカ領事の面前で、所属する州法により、法律上の障害がないことを宣誓した旨の領事の署名のある宣誓書（昭29・10・25民事甲2226号回答）

(2) 公正証書
　アメリカの所属州の公証人が発給した要件具備証明書（昭29・9・25民事甲1986号回答）

(3) 婚姻証明書
　① ギリシャ人と日本人が、日本の教会で結婚した旨のギリシャ総領事の証明書（昭40・12・20民事甲3474号回答）
　② ポルトガル人と日本人が、日本の教会で結婚式を挙げた旨の在日ポルトガル領事の婚姻証明書（昭28・8・15民事甲1458号回答）
　③ パキスタン人と日本人が結婚した旨の東京回教寺院長の結婚証明書、パキスタン人の作成した要件具備の申述書及び外国人登録証明書＊（昭42・12・22民事甲3695号回答）
　　＊外国人登録法は廃止されているので、この部分を「在留カード」と読み替える。
　④ 日本在住のインドネシア人と日本人の結婚について、日本インドネシア協会の身分証明書、婚姻障害のない旨の宣誓書、及び東京回教寺院の結婚証明書（昭25・5・8民事甲1194号回答）

21 婚姻による氏の変更

　日本人は婚姻によって外国人配偶者の氏を称することはない。しかし、夫婦として社会生活を営む上での必要性も認められることから、婚姻成立後6か月以内に限り家庭裁判所の許可を得ることなく、外国人配偶者の氏に変更することができるとされている【戸籍法107条2項】。
　ただし、これは呼称上の変更にとどまるものであり、氏変更の効果は同籍者には及ばず、外国人配偶者の死亡後は、この届出をすることは認められない等の制約がある（昭59・11・1民二5500号通達）。

22 離婚の際の子の親権者、監護者の決定

　父母の離婚の際の子に対する親権等の帰属に関しては、「離婚」に関する問題として処理すべきであるとする考え方と、「親子間の法律関係」に関する問題として処理するべきであるとする考え方があるが、戸籍実務では法の適用に関する通則法32条により親子間の法律関係によるべきとされている（平成元年通達第7）。

23 協議離婚届の受理

　次の場合には、それぞれ協議離婚届が受理できる（平成元年通達第2の1）。

1　夫婦の一方が日本人の場合

(1) 日本人配偶者が日本に常居所を有するとき

(2) 日本人配偶者が日本に常居所を有していないが、外国人配偶者が日本に常居所を有するとき

(3) 夫婦が共に日本に常居所を有しないが、最も密接な関係がある地が日本と認定されたとき

2　夫婦の双方が外国人の場合

(1) その本国法が同一で、協議離婚の制度があるとき

(2) その本国法が異なるが
　① 共通常居所が日本にあるとき
　② 日本法が密接関連地法として認定されたとき

24 離婚の裁判が確定したときの届出

　離婚の裁判が確定したときは訴えを提起した者は、裁判が確定した日から10日以内に届け出なければならず【戸籍法77条、同法63条1項】、届出義務者がこの届出をしないときは、その相手方も届け出ることができる【戸籍法63条2項】こととされている。

　届出期間内に、相手方から届出があっても、訴えを提起した届出義務者からの届出が優先されるので、相手方の届出をただちに受理することはせずに、戸籍発収簿（戸籍事務を電子情報処理組織によって取り扱う市区町村にあっては、磁気ディスクをもって調製）に登載して保管し、届出期間を経過しても義務者から届出がない場合に、受領の日にさかのぼって受理し、届出期間内に義務者からの届出があった場合は、相手方からの届書は記載不要の届書として処理する。

25 外国判決の効力について

　渉外的な裁判離婚については、原則的に夫婦の本国に裁判管轄権があるとされるのが通説で、補則として夫婦の住所地国の裁判所でも管轄権を認めるものとされているが、その外国離婚判決の我が国における承認について、戸籍先例では日本人を当事者とする外国離婚判決については、民事訴訟法118条の要件を具備していれば、離婚の準拠法を審査することを要しないとしている（昭51・1・14民二280号通達）。

26 外国の地名

　事件本人や届出人の住所、出生・死亡等の場所が外国であるときも、届書に記載する場合は、日本の市区町村のような行政区画から番地まで詳細に記載することとされているが、外国においては日本国内のように行政区画、番地まで明確になっているところは比較的少なく、また、行政区画の制度が異なるところもあり、国内におけると同様の記載を要求しても記載することが困難なことが少なくないが、日本の市区町村に対応する最小行政区画までは記載させることが望ましい。

27 外国人配偶者が日本国外で死亡した場合の婚姻解消事由の記載

　外国人が日本国外で死亡した場合は、戸籍法の死亡届の対象とはならないので、死亡届をすることはできない。

　死亡した外国人に日本人配偶者が在り、日本人である生存配偶者の戸籍に婚姻解消事由を記載するには、外国人配偶者の死亡を証明する書面（死亡登録証明書等）を添付した申出書（婚姻解消事由の記載に必要な日本人配偶者の氏名と本籍、死亡した外国人配偶者の氏名及び死亡年月日等を記載したもの）を本籍地又は非本籍地の市区町村に提出し、その申出に基づき市区町村長限りの職権で日本人配偶者の身分事項欄に婚姻解消事由の記載をする（昭29・3・11民事甲541号回答）。

ひとくちメモ

28 事件発生地・発生時刻

外国において、日本人の出生・死亡等の戸籍事件が発生した場合、その届出には出生・死亡を証する書面を添付することが必要だが、当該国の発行する出生登録証明書・死亡登録証明書には事件発生地の記載がなく「○○病院」「△△市」のように記載してあることが少なくない。

このような場合は、届出人にできる限り詳細な記載をさせて受理する。

また、同様に出生・死亡の時刻の記載のないものも多い。出生の場合は、戸籍の記載は年月日までであるので問題はないが、死亡の場合は時刻が記載事項であるので、届出人が事件発生の時刻を知っている限り届書にその時刻を記載させる。

戸籍には、届書に記載された時刻をそのまま記載して差し支えないとされている。

なお、疑義がある場合は、管轄法務局の長に受理照会する。

29 死亡診断書（死体検案書）の記名押印に関する市区町村への注意事項の趣旨

（令3・1・6厚生労働省医政局医事課事務連絡）

人間の死亡に関する厳粛な医学的・法律的証明であり、必ず医師等が作成したことが担保されていなければならず、記名押印によることは認めないこととし、必ず署名（電子署名を含む）によることとしたところであるが、改正後の規定に基づく運用への円滑な移行を図る観点から当面の取扱いを下記のとおりとする。

① 既に使用されている改正前の様式については、改正後の様式によるものとみなし、既に配布されている改正前の様式による用紙については、当分の間、これを取り繕って使用することができるとする経過措置が設けられているものとして差し支えないこと。

② 改正前の様式により、署名ではなく記名押印がなされた死亡診断書（死体検案書）が戸籍法86条に規定する死亡の届出の際の添付書類等として、遺族から提出された場合は、医師法施行規則20条及び歯科医師法施行規則19条の2に基づいて作成されたものとみなして差し支えないこと。

③ 市区町村においては、署名ではなく記名押印がなされた死亡診断書（死体検案書）が提出された場合は、記名された医師又は歯科医師に連絡し、整理省令により死亡診断書（死体検案書）については記名押印ではなく必ず署名（電子署名を含む）によることについて、その趣旨を説明の上、理解を得るよう努めること。

30 渉外的親権に関する取扱いについて

1 親子間の法律関係について

原則として子の本国法により、例外的に、子の本国法が、父母のいずれの本国法とも異なる場合や父母の一方が死亡等でいない場合に他方の親の本国法と子の本国法が異なるときは、子の常居所地法による【法の適用に関する通則法32条】。

したがって、日本人である子の親権については、上記例外の場合を除き、子の本国法としての日本の法律を適用する。

また、上記例外の場合において子の常居所が日本にあるときも日本の法律を適用することとなる。

2 子が日本国籍と外国の国籍を有する重国籍者であるとき

日本の法律をその本国法とする【法の適用に関する通則法38条1項ただし書】ので、戸籍上の届出を必要とする親権に関する準拠法については、日本の法律となる場合がほとんどである。

渉外戸籍における準拠法の決定 ── 図解 ──

1. 婚 姻

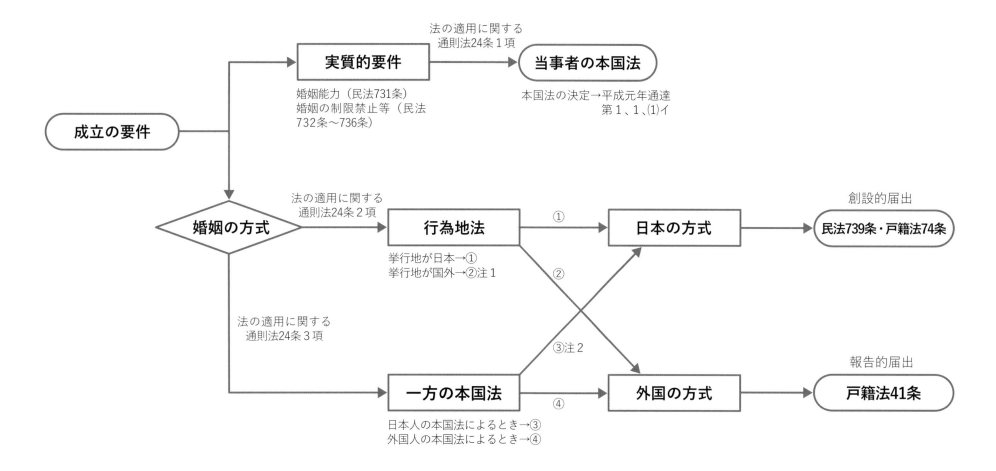

（注1）　外国にある日本人同士の婚姻届等をその国に駐在する日本の大使等が受理することは日本の方式によるものである（民法741条、同法801条）。
（注2）　外国にある日本人と外国人を当事者とする創設的届出については、日本の大使等は受理する権限はないが、在外公館からそのような届書が送付されたときは、当事者の一方の本国法のよる方式に基づくものとして取り扱う（昭11・2・3民事甲40号回答）。

２．離婚

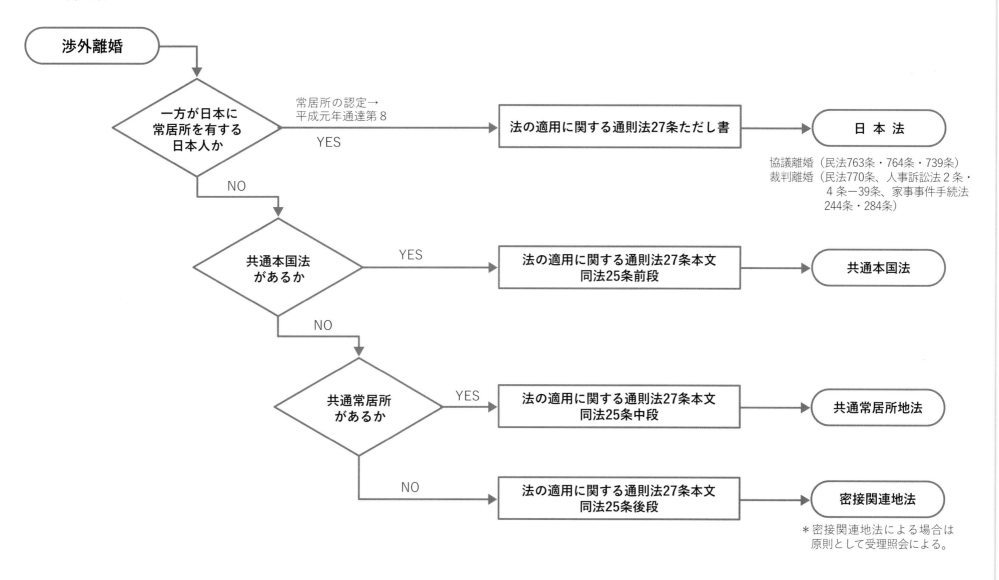

渉外離婚

一方が日本に常居所を有する日本人か

常居所の認定→
平成元年通達第 8

YES → 法の適用に関する通則法27条ただし書 → 日 本 法

協議離婚（民法763条・764条・739条）
裁判離婚（民法770条、人事訴訟法 2 条・
　　　　　 4 条－39条、家事事件手続法
　　　　　 244条・284条）

NO

共通本国法があるか

YES → 法の適用に関する通則法27条本文 同法25条前段 → 共通本国法

NO

共通常居所があるか

YES → 法の適用に関する通則法27条本文 同法25条中段 → 共通常居所地法

NO → 法の適用に関する通則法27条本文 同法25条後段 → 密接関連地法

＊密接関連地法による場合は
原則として受理照会による。

3．重国籍者の本国法の決定

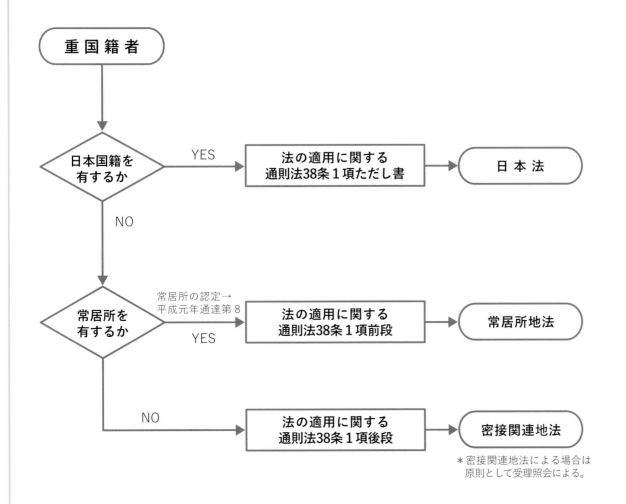

重 国 籍 者

↓

日本国籍を
有するか —YES→ 法の適用に関する
通則法38条1項ただし書 → 日 本 法

↓NO

常居所を
有するか —YES→ 法の適用に関する
通則法38条1項前段 → 常居所地法

（常居所の認定→
平成元年通達第8）

↓NO

法の適用に関する
通則法38条1項後段 → 密接関連地法

＊密接関連地法による場合は
原則として受理照会による。

4．共通本国法、常居所、密接関連地の認定

⑴　共通本国法
　①　夫婦に重国籍者がいる場合は、左記「3．重国籍者の本国法の決定」（法の適用に関する通則法38条1項）により、夫婦のそれぞれにつき本国法を決定した上、その決定した本国法が同一であればこれを共通本国法とする。
　②　夫婦双方の国籍が同一であるが、その国が地方により又は人的に法律を異にし夫婦がそれぞれ異なる法律に属する場合は、その本国において異法地域間における身分行為に関して特段の定めがある場合を除いては、「本国法が共通である」こととはみなされず、共通常居所地法以下の法律が適用される（異法地国における本国法の決定→法の適用に関する通則法38条3項）。

⑵　常居所
　　相当長期間にわたり居住する場所であり、常時居住していることが必要である。ただし、「住所」（地方自治法10条、住民基本台帳法4条、民法22条）のように「生活の本拠」とする意思を必要としないものとされている。
　　常居所の認定基準として、「平成元年通達第8」にその取扱いが定められている。

⑶　密接関連地
　　血統的出身地、当事者の帰属意思、過去の生活の本拠、親族の住所等から当事者がもっとも密接な関わりを持っていると認められる国の法律を、その者の本国法とする。
　　密接関連地法により本国法を決定すべき場合は、稀でしかも特異な事例と考えられ、類型的な取扱いは困難であり、密接関連地により本国法を決定すべき場合は、受理照会が必要と思われる。

韓国の家族関係登録制度に伴う証明書について

　韓国においては、2008年1月1日から、それまでの戸籍法を廃止して、大韓民国家族関係の登録等に関する法律が施行され、個人単位での登録を基本とした新しい家族関係登録制度に代わった。それに伴い、従来の戸籍謄本に相当する証明書はなくなり、証明目的に従って個別事項を記載した証明書が発給されることになった。不必要な個人情報開示を制限するとともに、従来戸籍に記載されていた住民登録番号は、後6桁を伏せて作成交付されることとされた。
　証明書の種類は、家族関係証明書、基本証明書、婚姻関係証明書、養子縁組関係証明書（日本でいう普通養子）、親養子縁組関係証明書（日本でいう特別養子）の5種類の証明書が作成される。

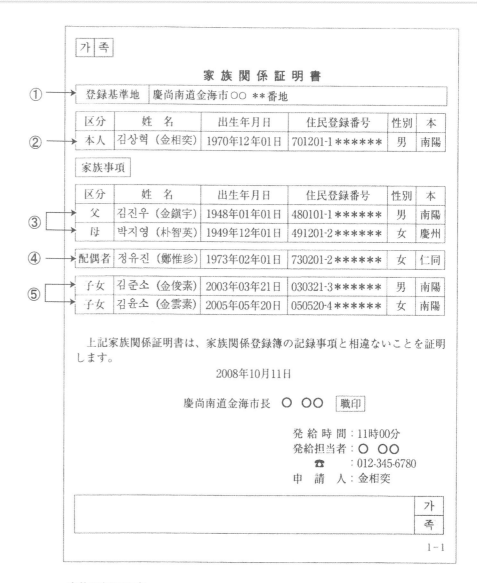

家族関係証明書
① 現在の本人の登録基準地
② 証明される本人
③ 本人が親養子の場合は養親が父母として記載される。
④ 本人の現在の配偶者、離婚した配偶者は記載しない。ただし、配偶者死亡後再婚していない場合は、配偶者氏名及び死亡の旨が記載される。
⑤ 親養子に出した実子は記載から除かれる。

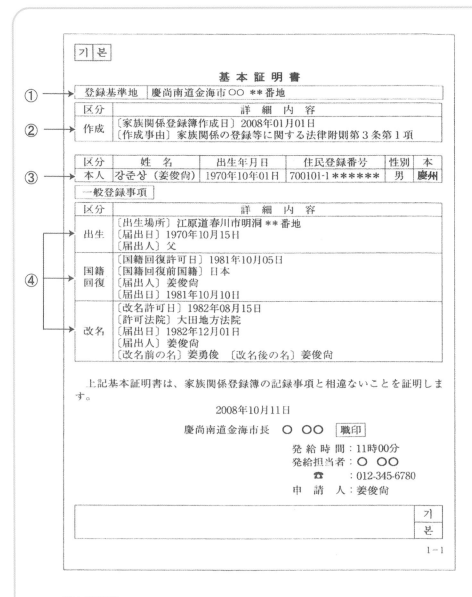

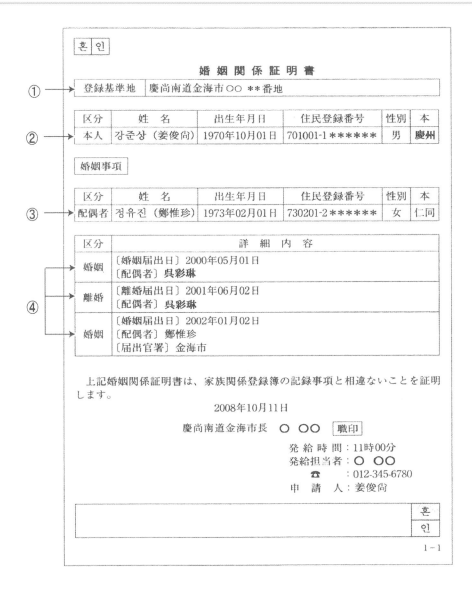

基本証明書
① 現在の本人の登録基準地
② 登録基準地に変更がある場合は、ここに記載される。
③ 証明される本人
④ 出生から現在に至るまでの本人に関する履歴事項

婚姻関係証明書
① 現在の本人の登録基準地
② 証明される本人
③ 本人の現在の配偶者、離婚した配偶者は記載しない。ただし、配偶者死亡後再婚していない場合は、配偶者氏名及び死亡の旨が記載される。
④ 本人の婚姻に関する現在までの履歴事項

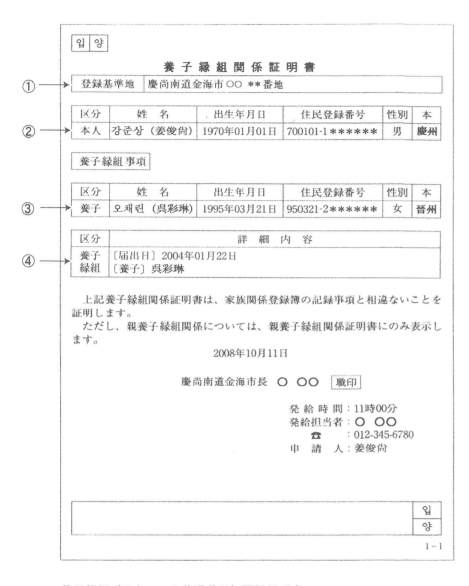

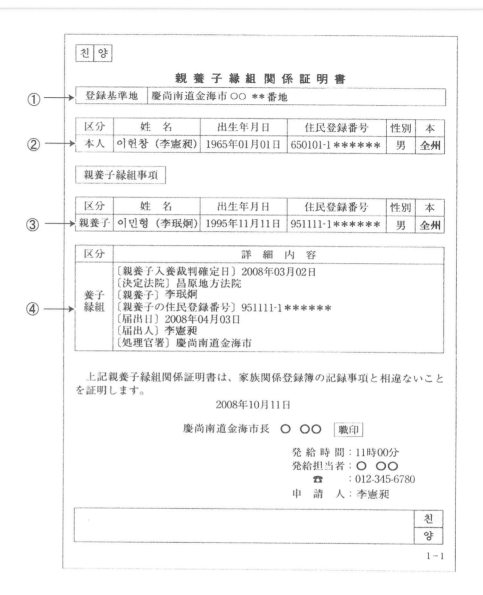

養子縁組（日本でいう普通養子）関係証明書
① 現在の本人の登録基準地
② 証明される本人（本例では養親）
③ 現在有効な養子、養親が記載される。
④ 養子縁組、養子離縁など登録履歴事項が記載される。

親養子縁組（日本でいう特別養子）関係証明書
① 現在の本人の登録基準地
② 証明される本人
③ 特別養子
④ 養子縁組、養子離縁など登録事項の詳細

初任者のための 戸籍届書のチェックポイント〔渉外編〕

2023年1月9日　初版第1刷印刷　定価：1,980円（本体価：1,800円）
2023年1月15日　初版第1刷発行

不許複製

監　修　新谷　雄彦
編　者　アポロアイシーティー株式会社
発行者　株式会社テイハン

発行所　東京都文京区　株式会社 テイハン
　　　　本郷5丁目11-3
　　　　電話 03（3811）5312　FAX 03（3811）5545／〒113-0033
　　　　ホームページアドレス　https://www.teihan.co.jp

〈検印省略〉

印刷／株式会社平河工業社
ISBN978-4-86096-164-0